自治体係長のきほん
係長スイッチ

澤 章 著

押せば仕事が
うまくいく!
一歩先行く係長の
仕事の秘けつ

公職研

序　ある係長からの助言

～職層が上がれば見える景色も違ってくる　だったら登るべきだ～

就職して数年後の新人職員時代のことです。昇任試験も受けずに、毎日をダラダラと過ごしていたある日のこと、上司の女性係長がこんな話をしてくれました。

「ねえ、役人の世界では、上に上がらなければ見えない景色があるの。それは今のあなたの立場では絶対に経験することはできないことだと思う。上に上がれるチャンスがあるなら、努力して登ってみなきゃだめよ。」

不真面目職員の典型だった私に対して、係長はやんわりと奮起を促してくれたのでした。職層の階段を登るのを億劫だと決めつけていた私は、このマジックワードで少しだけ考えを改めました。三十年前のことです。そして、この言葉は長く私の頭に残り、その後、部下へのアドバイスの際に何度も活用させてもらいました。ちなみに、この係長は、都庁のある大きな局の枢要部長にまで上り詰めて退職されました。

一職員としてではなく、係長として部下を持ち、小さいながらも組織を束ねる立場だからこそ見えてくる景色は、抜けるような青空ではないでしょう。本人にとっては、時につらく面倒で上司と部下との板挟みになる苦々しいものかもしれません。しかし、そんな体験も含めて係長ならではの得がたい世界がそこには広がっているはずです。

近年、自治体職員の置かれた状況は、「お役所仕事」で済むような生温いものではなくなってきています。少子高齢化と人口減少、行革に財政難、一人ひとりの職員に係る負荷は増す一方です。そのなかでも特に、係長へのプレッシャーは半端ではありません。上司からの指示や部下からの不平不満を受け止め、小さいながらも組織を回していかなければなりません。仕事をやりながら「ちょっと割が合わないな。」と愚痴をこぼしたくなる瞬間もあるのではないでしょうか。

しかし、本当に係長は割の合わないポストなのでしょうか。そんなことはありません。自治体の実務の要にあるのが係長です。ある時は現場の最前線に立って住民の方々と直接接し、またある時は上司に対して意見を述べ調整を図り、業務が遅滞なく進むように気を配っているのです。

係長が生き生きと仕事に取り組み、組織をリードしていければ、所属する役所のみならず、地域の人々も街も元気になるのではないでしょうか。

本書では、係長になりたての自治体職員の方々、あるいは、これから係長を目指す人たちを対象に、係長が直面する様々な課題や悩みと、それを乗り越えるためのコツやツボをお話ししていきたいと思います。

ここを押せば係長が前へ進むスイッチが入るようにと考えて「係長スイッチ」と名付けました。テーマごとに「係長スイッチ」を提示しましたので、是非参考にしてみてください。その際は、各自が置かれた状況に合わせて、「係長スイッチ」の項目をカスタマイズしてご活用ください。

自治体職員と一口にいっても、属する自治体の規模や組織風土は千差万別です。政令指定都市と小規模な自治体では、係長の守備範囲や位置づけも異なっているでしょう。「これが係長だっ！」と言い切れるスタンダードの解はなかなか見つからないかもしれません。それでも、ベースとなる部分は全国共通だと思います。

先がますます見えない時代だからこそ、自治体の係長のみなさんには頑張っていただきたい。大げさに聞こえるかもしれませんが、係長なくして自治体なし、なのです。自治体の要である係長が地域社会を支えていると言っても過言ではありません。本書が全国の自治体に勤める係長の方々のお役に少しでも立てることを願っています。

目次

第2章　係で仕事をするとはどういうことか

パッ！

第1章　新米係長が直面する壁を乗り越えろ

ダブルの異次元体験が待ち構える

ほとんどの自治体では、係長昇任に伴って人事異動が行われるのが通例です。しかも、これまで経験したことのない部署への異動……。係長昇任までの公務員人生の間、何度か異動を経験していたとしても、責任者として新天地に異動する不安は小さくありません。

昇任の階段を一歩上ると同時に、別世界に放り込まれる、このダブルの異次元体験が多くの新米係長を困惑させます。周りは知らない職員だらけ、おまけに、職場では今度の係長はどんなヤツかと注目されている。でも、係長としてどう振る舞えばいいのかわからない。新米係長はそんな不安定な状況に打ち勝ち乗り越えていく必要があるのです。

立ちはだかる壁は、新しい仕事と職場、係長としての責務にとどまりません。部下や上司との間合いの取り方や組織管理を巡る悩みなど多岐にわたります。でも、ちょっとしたコツをつかむことで、あなたの中に眠っている「係長スイッチ」をＯＮにすることが可能です。それには、自らの経験に小さなヒントをつけ加えて、自分の中の「気づき」につなげることが必要です。

それではさっそく、新任係長が直面する壁の乗り越え方について見ていきましょう。

1　仕事の壁〜初めての仕事、早くキャッチアップするには？

自治体職員にとって、他部署への異動は一生ついて回る宿命です。各自治体で人材育成基本方針などが策定されてキャリアパスが示されていますが、すべての職員の異動希望が叶えられる状況にはありません。ましてや、監督者としての係長が異動先にわがままを言えるほど、自治体の状況は甘くはないのです。

私の三十数年の公務員人生を振り返ってみても、二十回近い異動のうち、希望が叶ったのはたったの一度だけでした。これは特殊事例だとしても、係長になる以上、異動した先、与えられた新職場でどう頑張るか、不平不満を口にする前に、まずは腹をくくる必要があります。

その上で、新しい仕事の知識やノウハウをいち早く吸収し、係の職員のレベルに一日でも早くキャッチアップすることが重要です。このステップは「係長」云々以前の段階ですが、仕事ができなければ何も始まりませんし、職員の信頼も得られません。

業務を把握するため、前任者からの引き継ぎや係内での説明は当然行われるでしょうが、それだけで詳細を理解することは困難です。一度説明を聞いただけでは、次の日に頭から抜けていることもよくあります。プラスアルファとして、周りの職員にわからない点を聞きまくること、この努力は欠かせません。

それなりのキャリアを積んだ職員にとって、入庁数年の若手職員に比べて仕事を知らない、分からないという事態は簡単には受け入れがたいものです。また、その道何年というベテランの職員ががっちり係の業務を固めている場合もあります。そんな中、初歩的なことをゼロから聞くのは、誰にとっても気後れするものです。しかし、ここは重い鎧を脱ぎ捨てて、無意識に頭をもたげるプライドはいったん横に置き、業務の習得に邁進する必要があります。

その際、忘れていけないのは、新任の係長から質問される職員は日常業務を抱えているということです。根掘り葉掘り質問して職員の時間を使ってしまっては、その職員の業務に支障が出かねませんし、第一、職員が受ける印象も悪くなります。教えを請う一回あたりの時間はなるべく短めに。それでも足りなければ、日を変えて何度かトライしましょう。

人に教えを請うわけですから、自分の席に職員を呼びつけるのはできるだけ避けたほうがいいでしょう。職員の働きぶりや人柄を観察することも兼ねて、職員のデスクに行って腰を低くして聞くことを心がけてみてはいかがでしょうか。業務の習得以外に、思わぬ発見があるかもしれません。

さて、異動後、初心者マークが通用するのはせいぜい二か月前後です。半年も経って、「私、まだ異動してきたばかりなので、ちょっと分かりません。」などとは係長として恥ずかしくて言えません。まずは異動後一か月の間に質問のタイミングを逸しないように、業務の理解と習得に努めましょう。

周囲の職員はそんなあなたの勉強熱心な様子をこっそりと、でもしっかりと観察しています。仕事をいち早く理解しようとする真摯な態度、人にものを尋ねるときの低姿勢な振る舞いは、職員に好感をもって受け入れられるでしょう。そして、その後の係長業務にも良い影響を与えるのではないでしょうか。

一日も早く、まずはプレーヤーとして一人前になることを心掛けましょう。新任係長の第一歩は、ここから始まります。

◎プライドを捨てて職員にゼロから質問をしよう
◎一回当たりの質問は短めに、何度かに分けるのも良策
◎職員のデスクに行って腰を低くして教えを請おう
◎就任後二か月間で業務を習得できるようにしよう
◎勉強熱心な係長の姿を職員は見ていると心得よう

2　監督者の壁～誰も教えてくれない不安

多くの係長経験者が異口同音に嘆くのは、「監督者としての研修は何もなかった。」「マネジメントの知識もないままに実践に投入されて苦労した。」ということです。春の異動時期に、数日間も職場を離れて丁寧に係長研修を実施している自治体は極めてまれでしょう。

前任者からの引き継ぎもそこそこに、ハイあなたは監督者です、係長なんだから頑張ってくださいと言われても途方に暮れるばかりです。でも、大半の自治体の現実はそうなのです。すばらしい研修システムがあれば誰でもすばらしい係長になれるというのは、残念ですが幻想に過ぎません。

つまり、覚悟すべきは「係長とは何かを誰も教えてくれない。」という現実です。冷たいようですが、日々の実践を通じて「自分ＯＪＴ」で体得していくしかありません。そんな時、最も参考になるのが、自分が過去に出会った係長です。灯台もと暗し、係長とは何かの答えは自身の経験にアリなのです。

これまで、いろいろなタイプの係長の下で業務に当たってきたことでしょう。仕事がやりやすかった係長、馬が合わなかった係長、課長からの無理難題をうまくさばいてくれた係長、冗談ばかりで仕事は何もしなかった係長……様々だったはずです。彼らの良い点・悪い点を整理して、自分なりのあるべき係長像を頭の中に作ってみてください。彼らが職員にどう接していたか、業務をどうとりまとめていたか、職員目線ではなく、係長目線で振り返ってみることが重要です。

その場合、理想の係長を描くことはもちろん大切なのですが、逆に、あの係長はひどかった、あんな係長にはなりたくない、つまり、反面教師的な係長像を明確にすることも案外、効果的です。

例えば、課長の指示をそのまま職員に下ろしてきて、あとは知らんぷりといった態度の係長に遭遇した経験、ありませんか。経験アリのあなたはラッキーです。なぜなら、その不快な経験から、自分が係長になったら絶対にあんな係長にはならないぞ、と堅く誓うことができるからです。課長の指示を係長としてどう咀嚼し職員に下ろすべきなのか、ダメ係長との経験を振り返ることでひとつの係長像がすでにでき上がるのです。

こうしたイメージ・トレーニングは異動後に行うより、事前に実行しておくのがベターです。準備段階で自分が目指す係長像を明確にしておけば、実際に係長として行動した際に、ひとつの判断基準になるからです。

また、同時期に係長に昇格した仲間がいれば、横のつながりを緊密にして情報交換を行うことも有効です。相談相手、グチ相手を持つと同時に、自分とは違う考え方や問題解決方法に目が開かされることもあるのではないでしょうか。

係長とは何か。係長としてどう振る舞うべきか。答えを見つける道筋はひとつではありません。いくつかのチャンネルを持つことが、係長の幅を広げることにつながるでしょう。

係長に関しては、こんな話もよく耳にします。係長の呼称は自治体ごとに異なります。主査、グループ長、リーダーなど多種多様です。そんな中、係長といっても実際は、部下はひとりだけ、あるいは部下のいないひとり係ということも珍しくありません。いわゆる「名ばかり係長」です。

監督者としての経験を積めないもどかしさ、給与だけ上がってあとはほとんど以前と変わらないことへの違和感……。肩すかしを食らった感じは否めませんが、近い将来、ラインの係長になるのは確実なわけですから、助走期間が少し延びたと大らかに受け止めて、クサらずに業務スキルの向上に取り組んでください。

異動当初には、不思議なことに、待ってましたとばかりにトラブルが発生するものです。異動当日の「あるある」といえば、その日に限って住民からのクレームが入り「係長、お願いします。」と対応を迫られたり、席に着いた途端、職員から「係長、これ、どうしたらいいでしょうか。」と重要案件の判断を求められたり、なぜか決まって予期せぬ災難（？）が頻発するようです。

こんな緊急事態には、どう対応すべきでしょうか。初日に係長としての力量を発揮する必要はありませんし、したくてもできません。対応すること自体、無理筋なのですから、まずは一職員として冷静に対処すること、できないことはそうはっきり伝えるのが一番です。要はあたふたしないことです。

住民トラブル発生なら、担当者とともに住民に向き合う姿勢が求められます。重要案件の判断であれば、拙速な判断は禁物です。時間に猶予をもうけて、前任者や上司などに相談してから判断を下すのが筋でしょう。

異動初日のトラブルは、天が係長に与えた試練と受け止めて乗り切るしかありません。

◎ 係長の仕事は誰も教えてくれないと覚悟を決めよう
◎ 実践を通じて、係長とは何かを体得するしかない
◎ 自分なりの係長像を異動前から持っていよう
◎ 複数のチャンネルで係長の幅を広げよう
◎ 部下がいなくてもクサらない
◎ 異動当日のトラブルは試練と受け止めて乗り切ろう

3　コミュニケーションの壁～部下との接し方に悩む

初めて部下を持った係長は、どうしても意気込んでしまいがちです。着任当日の新任あいさつで、もしもこんなスピーチを新米係長がしたら、あなたならどう感じますか。

「さあ、みなさん、きょうから係としてワンチームで仕事をしていきましょう。よろしく！」

おそらく、ほとんどの職員がしらけてしまうと思います。完全に空回りです。ここまで極端ではなくても、「自分にはグループをまとめる大役があるんだ。」との気負いが、多かれ少なかれ新米係長の心には湧いてくるものです。頼りない印象を与えるよりはベターですが、ここはグッとブレーキを掛ける必要があります。

いの一番に着手すべきは、監督者としての振る舞いではなく、良好でフラットな人間関係の構築です。大前提として円滑なコミュニケーションの素地がなければ、監督者も組織運営もあったものではありません。この順番を間違えないように注意してください。

コミュニケーションの第一歩、それはあいさつです。なんだか昭和丸出しのノウハウで恐縮ですが、これだけは外せません。出勤時のあいさつと退庁時のあいさつは、新米係長が率先して実践してください。たとえ返事が返ってこない職員がいても、気にしない気にしない。あいさつが返ってくることを期待せず、にっこり笑顔で相手の顔を見てあいさつを続けていけば、それだけで係の雰囲気は徐々に和んできます。

また、職員にとって新米係長は未知の人物であり、どんな人間なのか分からずに様子見をしている状況にあります。そんな心のバリアを係長自らが破る必要が出てきます。ですから、コミュニケーションを取る際に、意識的に自分をさらけ出すことも時と場合によっては有効です。

私の場合、自分の経験談や家族（失敗談ばかりで家族には申し訳ないです……）をネタに個人情報も含めてベラベラしゃべり、職員の懐に飛び込む方法を実践していました。こちらから率先して胸襟を開くこの手法は、人によってはNGでしょうから、万人にはお勧めしませんが、試してみる価値はあります。

あいさつの重要性はどんな職場にも当てはまります。昇任後数年経った係長で日々のあいさつの実践が不十分だと感じる人がいたら、この本を読んだ今日から、職員への挨拶を始めてみましょう。

コミュニケーション上のもうひとつのポイントとして押さえたいのが、係のキーパーソンが誰なのかを見つけ出すことです。係内の人間関係は、良くも悪くも係長が異動してくる前に固定されています。その中で、中心人物は誰なのかを探り出すことは、その後に新しい人間関係を構築する上で欠かせないプロセスです。

こうしたキーパーソンは、往々にして仕切り屋さんの場合が多いと思われます。その人を通じないと物事が進まないといった弊害をあぶり出す意味からも、キーパーソンの存在を把握することは重要なのです。

ただし、こうした職員は往々にして、新しく異動してきた職員を自分の勢力圏内に取り込もうと事あるごとに動きますから、くれぐれも、新米係長自らがキーパーソンにすり寄ることがないように注意してください。一定の距離を保ってやんわりと手懐けるイメージで接することが重要です。

人間関係のキーパーソン以外にも、扱いに難儀する職員というのがどこの職場にもいるものです。例えば、どんなことにも非協力的な職員、話をしてもすべて否定的な反応しかしない職員などです。こうした職員は仕切屋タイプの職員とは正反対の存在ですが、係内の人間関係を掌握する上で見落とせない人物でもあります。対応を間違うと係全体の人間関係に波及しかねないからです。

元からいる職員はこうした職員に見切りをつけて当たらず触らずの態度で接している場合が多く、本人も自分は所詮そういう存在なのだと殻に閉じこもっている可能性があります。新米係長がそうした状況をすぐに改善することは難しいにしても、第一段階として、要注意人物の存在を把握し日常的に注意を払うことは、その後の係運営に役立ってくるはずです。このポイントを外さないようにしましょう。

いずれにしても、係長は係をまとめるために人間関係の潤滑油になると心得て、職員目線に立って職員全員に平等に接することが鉄則です。人は自分が軽んじられていることを敏感に感じ取る生きものだからです。

以上のような地道なコミュニケーションの試行錯誤を繰り返しながら係全体の人間関係を把握することができれば、組織運営の基礎はほぼでき上がったと言ってもいいでしょう。

◎ 過度の意気込みは空回りする
◎ コミュニケーションの素地なくして組織運営なし
◎ コミュニケーションの第一歩は率先あいさつ
◎ 自分をさらけ出すことも必要
◎ 係内の人間関係のキーパーソンを把握しよう
◎ 要注意人物への対応にも気を配ろう

4 「中間」の壁〜係長の立ち位置が分からない

一般職員の時代、みなさんは職員同士で係長や課長への不平不満を陰で言い合って溜飲を下げていたことが度々あったのではないでしょうか。しかし、係長になれば、陰口をたたかれる側に自分が置かれることにもなります。つまり、初めて組織の中で「中間」に位置するのです。

上には上司の課長、下には係の職員、こうした板挟み状態は、自治体職員を続けていく以上(というより、組織で仕事をする以上)、どこまで行っても逃れられない立ち位置です。係長に限らず、課長も部長もみんな「中間」です。極端な話、副市長、副区長であっても、上には市長、区長が存在しています。つまり退職するまで、自治体職員は「中間」であり続けるのです。

その中間者としての振る舞いが初めて試されるのが係長ポストだといえるでしょう。まず習得してほしいのは、上司である課長との間合いの取り方です。一般職員であれば課長からの圧力を係長を楯にして和らげることができますが、係長は課長と直接向き合わなければなりません。

そこで重要なのが課長との距離感です。裏返せば職員との距離感ということにもなります。この問題が最も鮮明に現れるのは、課長からの指示や依頼を受けた係長が部下の職員に伝える場面です。

「課長がこうしろって言ってるから、あとはよろしくね……。」

上からの指示を自分では何も咀嚼せずにそのまま部下に押しつけるタイプ、時々見かける悪しき係長の典型例です。そして、部下に一番嫌われるタイプでもあります。本人は中間者の役割を果たしているつもりかもしれませんが、これでは「自分はいなくていい存在」だと自分で告白しているようなものです。

この手のスルーパス型の係長を反面教師に解説していきたいと思います。

まず、課長からの指示・依頼は唯一絶対ではないということです。一般職員の時は、課長は遙か遠い存在で、課長の言うことには従うのが当たり前だったことでしょう。しかし、係長になれば状況は少しだけ変化します。課長の指示・依頼であっても、実務のとりまとめ役として、課長の指示・依頼の実行可能性などを業務の状況と照らし合わせて判断する必要が生じるからです。

指示内容の確認や期限設定の妥当性など、確認すべき点があれば、係長が課長に対して主張する場面があっても構わないのです。単なる反論としてではなく、確認の中にやんわり係長の考えを入れ込む形によってです。ですから、口調はあくまでマイルドに。どんな課長にもプライドはありますから、係長が自分に口答えをしていると誤解されないようにする気配りが求められます。

その上で、係の職員に指示を下ろすのですが、その際、係長は課長の代理人として振る舞うのではなく、指示を受けたひとりの職員として、その課題に職員と一緒に取り組んでいく姿勢を示すこと、これがたいへん重要です。

つまり、課長から係長へ、係長から職員への指示の流れでは、中間に位置する係長はあくまで職員側に寄っているということです。図示すれば、課長↓【係長↓職員】といった形になります。カッコ内の係長と職員は仲間なのです。

では、矢印の方向が逆の場合はどうでしょうか。リスク情報を例に見ていきます。係長の役割のひとつとして、リスクにつながる情報をいち早く管理職に報告することが挙げられます。業務上のトラブル、住民や事業者からの苦情、職員同士のいさかいごとなど、そのまま放置すれば大きな問題に発展しかねないリスクの芽を、情報を共有することで課長と対処していくのです。

もちろん、些細なことを何でもかんでも報告すれば、課長のほうも「いちいちうるさいな。まず、係長のところでちゃんと処理してから持ってきなさい。」となりますから、リスク情報の取捨選択は非常に難しいところです。

ただし、自分で抱え込むことは避けなければなりません。報告の機を逸すれば、傷口は広がる一方です。リスク情報を課長と共有することは、一面では、責任を安易に自分だけで引き受けないようにするための、係長自身のリスク管理でもあるのです。

一般的にリスク情報は業務の最前線に存在しています。ですから、職員からの連絡が貴重な情報源になります。このパイプを維持するためにも、課長の指示の場合と同様に、係長は職員側に寄り添っていなければなりません。ですから、逆ベクトルの図は、【職員↓係長】↓課長となります。

矢印の方向にかかわらず、常にカッコの中に係長と職員が一緒に入っていることが最も大切なポイントです。

◎「中間」に位置することを意識しよう

◎課長も部長も「中間者」であると認識しよう

◎課長の指示は唯一絶対ではない、係長としての判断が必要

◎常に職員の立場で一緒に取り組む姿勢を示そう

◎リスク情報は早く上げて課長と共有しよう

◎リスク情報の共有は係長自身のリスク管理でもある

【応用編①】「昔の係長はこうだった」は通用しない

四十歳前後の現役係長から漏れてくる嘆きのひとつにこんな声があります。

「自分が若い頃の係長はもっと偉かった。職員から煙たがられてはいたが、一目置かれて、ある意味、尊敬の念を持って接していた。ところが、今はどうだ。若い職員たちには、係長に対する敬意というものがない。そもそも、係長を偉い存在と思っていないみたいだ。ああ、嘆かわしい。」

十年前、二十年前の係長はまだ昭和時代の古き良き係長のイメージを持っていたのでしょう。偉そうにしていた係長にはそれなりの存在意義があったように思います。そうした係長イメージを抱いた職員が、いざ係長になったら、下の世代からはまったく尊敬されない。「なんだ、これは!?」と嘆くのです。

確かに一昔前まで、自治体は「係長行政」だと評されていました。ベテランの係長が業務の一切を取り仕切り、この係長を通さなければ何も前に進まない。課長も部長も手出しができない。そんな世間の批判を表した言葉です。私の三十年前の記憶でも、係長たちがすべてを回していた印象はありますし、一方、課長は何もしないでイスにふんぞり返ってタバコをふかしていたように記憶しています。

が、時代は大きく変わりました。ふんぞり返っていた課長は今ではコマネズミのように庁舎内を動き回っています。業務を仕切っていた係長は、ほとんど一般職員と区別のつかないスタンスで業務を忙しそうにこなしています。若い世代はそんな職場の実態を冷静に観察していて、係長を尊敬するしないとは関係なく、率直に職場の実態を受け入れているだけなのかもしれません。

係長の嘆き節には続きがあります。

「若い頃は係長から怒鳴られてばかりいた。やっと係長になったと思ったら、今度は職員から無視される。ああ、本当についていない。」

三十代後半から四十代にかけての現役係長は、時代の変わり目のちょうど狭間にあって、損な役回りを引き受けてしまったとも言えるかもしれません。

しかし、嘆いていても始まりません。自分の若い頃に抱いていた古い係長像は一度リセットし、頭を切り替える必要があります。その上で、自分たちがこれからの時代にふさわしい新しい係長像を創っていくんだという気概を持っていただきたい。そして、係を牽引していってほしいと思います。

昔の係長と現在を比較して、様変わりした部分は他にもあります。平成の30年間、全国各地の自治体で市町村合併が行われる一方で、財政難に直面し行政改革も進められました。その過程で職員数も絞られました。同時に、自治体に求められる業務は量・質ともに増大し、職員一人当たりの業務量は格段に増えたように感じます。

そんな状況下、多くの自治体で係長へのしわ寄せが起こっています。部下もいないまま複数の業務の責任者に指名されたり、大勢の職員を任されて様々な業務のとりまとめを一手に背負わされたり、自治体は係長受難の時代を迎えているのかもしれません。

業務過多をどう切り抜けるかについては、後述の章でも取り上げますが、個々人の努力もさることながら、組織を挙げて自治体全体で受け止めて対処すべき大きな課題でもあるのです。

◎ 古き良き係長像は通用しない
◎ 若い世代は職場の実態を冷静にみていると心得よう
◎ 自分の若い頃の係長像は一度リセットしよう
◎ これからの時代にふさわしい新しい係長像を創る気概を持とう

【応用編②】技術系職員と仕事をする時の注意点

自治体の技術系職員といえば、土木、建築が代表格です。他に設備、電気など様々です。また、医師、看護師、保健師などの医療系職員、福祉分野の専門スタッフなど、多岐にわたります。新米係長としての赴任先が技術系職員中心の職場であるケースも少なくありません。また、業務の相手先として技術系職員と関わることもあるでしょう。係長の素養のひとつとして、技術系職員とのやり取りのスキルは欠かすことができません。

……などと書くと、事務系と技術系を分けて捉えること自体が偏見であり、間違っていると指摘されそうですが、私の経験からは、同じ自治体の職員であっても、技術系職員には技術系職員の世界があって、事務系とは異なる思考パターンと行動様式を持っている、そう断言していいと思います。それが良い悪いではなく、差異は確かにあって、そのことを十分理解した上で技術系職員と接する必要があるのです。

私自身、ニュータウン整備の部署にいた時は、土木職独特の律儀さや上下関係の強さに面食らいました。時として、律儀さは偏狭さや融通の効かなさに、結束力は排他的な雰囲気に通じてしまうこともあって、仕事上の調整に苦労した記憶があります。

また、公立病院勤めの際には、話す言葉が違うのではないかと感じたことも多々ありました。ドクターのプライドの高さは想定内でしたが、看護、薬剤、検査それぞれのテリトリーのせめぎ合いを理解するまでには、相当の時間を要しました。

総じて言えることは、技術系職員は自らの専門性への自負を強く持っていること、そして同時に、少数派としての肩身の狭さも抱いていることです。科学的な知見に基づく専門性に関しては、技術系職員にとって譲れない一線です。事務職の妥協点の見出し方などと折り合わないことがしばしば起こります。大切なプライドを傷つけないように、妥協点を探っていく必要があります。

また、少数派意識については、事務系が実感として捉えづらい部分ですが、配置ポストが限定されている彼らからすれば、数年でころころ代わる係長や課長に対して、良い印象を持っていない、あるいは、どうせすぐに異動してしまうのだからという気持ちを心の片隅に抱いていることを理解する必要があると痛感します。

さらに付言すれば、技術系職員の上下関係の強さに対して、改めて認識する必要があります。つまり、上司部下の命令系統よりも、職種内での先輩後輩の関係が優先されることもあり得るということです。

マイナス面を強調しすぎましたが、技術系職員がいなければ、自治体の業務は成り立ちません。技術系職員と仕事をするときの要点は、少数派の集団を全体の中でどう位置づけ、どう調和を図っていくかということに尽きます。同じ行政目標に向かって取り組んでいる以上、同じチームの仲間として技術系職員は不可欠な存在です。差異を認め合って共に歩み寄り、業務に取り組んでいくことが求められます。

係長スイッチ

◎ 技術系職員には独特の世界（思考パターンと行動様式）がある
◎ 専門性への自負と同時に、肩身の狭さを感じていることを理解しよう
◎ 技術系職員はチームの一員として不可欠な存在と認識しよう
◎ 互いの差異を理解し、共に歩み寄ることが必要

【中級編】係長として課長の思いつきにどう対処するか

「上司は思いつきでものを言う」は十五年以上前に発行された新書のタイトルですが、それはそれとして、この言葉、ニヤリとしませんか。上司の思いつきに振り回された職員は、全国にいったいどれだけいることやら……。思いつきは自治体の首長の専売特許とは限りません。局長も部長も課長も総じて思いつきでものを言う傾向にあるものなのです。

なぜなのでしょうか。

たとえば会議や打ち合わせの場で意見を求められたとき、あるいは部下からの質問に応じる時、なにか気の利いたことのひとつでも発しないと格好が付かない、自分はデキる上司なんだとアピールしなければならないと上司本人が思い込んでいるようです。

その結果、その場限りの思いつきがここぞとばかりに発せられます。しかも発せられたが最後、ピント外れの、誰もが思いつきそうな素人考えであっても、まるでその場の決定事項であるかのように、係内で認識（誤認）されてしまうのです。

部下は「アホくさっ。」と思いながらも、真っ向から反論はできません。表面的には「はい、わかりました。」と心にもない返事をしてしまいます。返事をしてしまった以上、部下はこの思いつきに仕事として向き合わなければならなくなります。これが思いつき業務の正体だと考えられます。

上司の「思いつき攻撃」から自分と職員の身を守り、かつ行政の方向性がブレないようにするにはどうすればいいのでしょうか。

わざと時間を空けてほとぼりを冷ます方法も考えられますが、正攻法とはなりません。なぜなら、しばらくして課長から「あれ、どうなった?」と催促されるのがオチだからです。「忘れてました。」と弁解しても、時すでに遅し。サボタージュと見なされてしまいます。

課長の思いつきに対処するには、やはり、課長のメンツをつぶさない範囲内で現実的な着地点を見つけ出すこと、これに尽きます。

そのためには、相応の「代替案提案力」が必要です。「代替案提案力」とは、上司が主張するA案(思いつき)に対して、係の職員が納得しやすい現実的なB案を考え出して上司を説き伏せる技量のことを指します。

デキる係長は上司が思いつきを発した直後に、ダメさ加減と同時にそこに含まれる要素(上司のこだわりや実現する上での障害など)を即座に検知して、それに見合ったB案をやんわりと提示します。

「課長の提案は素晴らしいと思います。これをこんなふうにしてみては、いかがでしょうか。

さらに良くなると思います。」といった感じです。すぐには代替案を出せなくても、少し時間を空けてじっくり思案して、後日、「考えてみたのですが……。」と切り出すことも有効です。

代替案を提示された上司は、自分でも思いつきだと半ば自覚しているものです。ですから、部下からの代替案の提示を「渡りに船」と内心大歓迎します。その上で、あくまで上司の自分が発案者であることを念押しして代替案にGOサインを出すことになるでしょう。こうして、係長の代替案作戦は成功を収めます。

とはいえ、言うは易く行うは難し。

「代替案提案力」を身につけるには、経験と試行錯誤が不可欠です。係長業務の実践を通じてスキルアップを図るしか、習得の道はないと心得ましょう。

◎上司は思いつきを言うものだと認識しよう
◎課長の思いつきには、代替案の提示で対応するのがベスト
◎即座の提案は無理でも、時間を空けて考えよう
◎代替案提案力は実践を通じて磨こう

【上級編】係長は二段階上の視点を持て!?

東京都の総合計画を策定する部署（計画部）に異動した時のことです。新任係長として、計画全体をとりまとめる総括ラインのナンバー2の係長（主査）ポストに就きました。異動してしばらくした頃、筆頭の係長が私に声をかけてきました。

「計画部の係長というのは、係長の視点を持っているだけではダメなんだ。」

「……というと、課長の立場で考えろってことですか？」

「いや、違う。」

「え、どういうことでしょう？」

「課長と飛び越えて部長の視点に立たなければいけないと思っている。」

「部、部長ですか……。」

このアドバイスにはさすがに面食らいました。課長の視点に立って仕事をとりまとめろと言うならまだしも、部長のレベルまで視点を引き上げるのは高望みなのではないか、いったい何の意味があるのか。第一、部長に説明するのは主に課長であって、係長の私が部長と話を交わしたことなど数えるほどしかないのに、と正直、思いました。

この先輩係長の真意はどこにあったのでしょうか。かみ砕けば、こんな感じだったのではないかと推測します。

係長の仕事は実務の責任者として係をまとめることにある。実際、計画部の各ラインでも、係長は課長の指示に従ってパーツごとに計画づくりを進めている。だが、計画全体のとりまとめを担当する総括ラインでは、課長の視点を飛び越えて、計画全体を見渡し総合的な方向付けを考える部長の視点がどうしても必要になる。だから、部長の視点を係長が持っていなければならない。

新米係長にとっては、ハードルが高すぎて気が遠くなるようなアドバイスでしたが、実際に業務を進めていくうちに、先輩係長の言わんとするところが少しずつ分かってきたように感じました。

実務に拘泥しすぎると係長の視野はどんどん狭くなっていきます。そして、自分の守備範囲をなんとか守ろうとします。課の状況はどうであれ、自分の係が一番大事。各ラインの係長ならギリギリそれでいいのですが、とりまとめ役の係長はそうはいきません。視野を広げ、視点を高く保ち、様々な要素を勘案して計画策定の進行管理を進めていく必要があると理解しました。

先輩係長のこの言葉は、もうひとつの意味を含んでいたのだと、今までは思います。係長が二段飛ばして部長の視点を持つとは、係長が課長の動きを上からの視点で見ることです。つまり、表向きは指揮命令系統の下にいる係長ですが、業務執行上の必要から上司である課長を遠回しに誘導することも可能だということを意味しているのです。

どうも回りくどくなってしまって恐縮ですが、係長の最終型とは、上司である課長を部長視点でコントロールできる係長なのではないでしょうか。コントロールとは言葉の綾です。係長が二段階上の視点を持つとは、自分の係を含めて課全体の動きをベストな状態にしていくため、係長が課長と共同作業で業務を進めていくことであると理解していただければ、かの先輩係長もきっと喜ぶことでしょう。

◎ 係長として課全体に視野を広げて業務に当たってみよう
◎ さらに、二つ上の「部長視点」で仕事を俯瞰することも必要
◎ 係長の最終型は、部長の視点から課長をコントロールすること
◎ 課長との共同作業で業務を進めていこう

パッ！

第2章　係で仕事をするとはどういうことか

第2章では、第1章で述べた係長の土台の上に、どうやって実務者としての係長を築き上げていくのか、その実践的なノウハウについて記述します。

テーマは多岐にわたります。係内での情報の共有、ミーティングのやり方、業務の進行管理と段取りの方法、資料作成の要点などを取り上げます。さらには、職員の人材育成やハラスメント防止についても踏み込んでいきます。

1　チームワークの基本は情報の共有

係で業務を遂行するとは、チームで仕事をすることです。

そのチームの最小単位である係の長に任じられた係長には、チームをまとめる責任があります。責任などというと随分重く感じられるでしょう。責任はあくまで管理職の課長にあると逃げたくなるかもしれません。

また、「まとめる」とは職員一人ひとりの仕事に深く関与すること、あるいは仕事の進み具合をもれなく把握しコントロールして指示することだと誤解している係長も少なからずいるようです。

まず、この誤解を解くことから始めましょう。業務の進捗管理については後述しますが、心得てほしいのは、係長の責任とは結果責任が問われるというよりは、チームが連携して仕事に当たれる環境を整えることです。しかもこれを、自分の分担業務をこなしながらやり遂げなければなりません。係長のまとめ役の難しさは、こんなところにあるのです。

係内連携の基本は、良好な人間関係がベースにあることはもちろんですが、実務的には情報共有を徹底させることです。人間という生き物は、とかく情報の壁を作りたがります。そして、壁の外に置かれた人間は何気ないことに対しても疎外感を味わいます。煎じ詰めれば、係長のやるべきこととは、職員が「え？　そんなこと、聞いていませんよ、係長。」とならないようにすることなのです。

情報がすべての職員に行き渡っていないと、知らされていなかった職員は自分だけ除け者にされた気分に陥ります。聞いていない職員と係長、他の職員との間に溝ができるでしょう。これでは係の業務がうまく回るはずはありません。第一、情報が欠落した状態では、業務の前後で必ず齟齬が生じ、係の仕事に遅れや支障が出てしまいます。

ここでいう情報は、職員の業務に直結した実務的な情報に限定されません。課長の何気ない動向や雑談レベルの事柄なども、できるだけ広く行き渡らせることが望ましいでしょう。もちろん、知りたくない職員に無理に教える必要はありませんが、知らされていない状況を極力生じさせないことが大切です。

つまり、仕事の情報であれ、日常的な情報であれ、情報が係内に過不足なくスムーズに流通し共有される環境を作り出すことこそが、係長の役割だと言っていいでしょう。

係長スイッチ

◎チームが連携して仕事に当たれる環境を整えよう
◎職員の「聞いてません」をなくそう
◎情報の壁ができやすいことに注意を払おう
◎情報がスムーズに流れる環境を作ろう

退屈なミーティングはなぜ繰り返されるのか

情報共有のツールとして、広く実践されているのが会議やミーティングです。情報の共有化に不可欠なミーティングに的を絞って話を進めます。

日々、自治体では、打ち合わせやミーティング、会議のために、どれほど多くの時間が費やされていることでしょう。自治体職員の業務時間の何割かは、確実にこのためだけに費やされています。しかも、その実態は情報の共有とはほど遠い場合も少なくありません。

自分が係員だった時のことを思い出してみてください。会議やミーティングは、たいていの場合、上司が一方的に話す場であったり、資料の逐条解説が行われるだけの場であったのではないでしょうか。

こんな状況が30分も続けば誰もが退屈になり、時間の無駄だと感じ始めます。そして、仕舞いには「早く終わればいいのに。」とイライラしてきます。結局、終了したのは一時間以上経ってから。これでは何のためのミーティングなのか、さっぱりわかりません。

ところが、ミーティングの主催者や課長は、話もちゃんとした、資料も説明したのだから、情報の共有化は十分に図られたと勘ちがいしています。「何か意見はないか？」と問いかけたが、反応がなかったので、参加者全体が納得したと受けとめてしまっているのです。

こうして、退屈な時間を耐えるだけのミーティングがはびこっていきます。

退屈なミーティングの原因は、集まるという手段が目的化してしまっていることにあります。「手段の目的化」は、どんな組織でも、どんな職場でも発生します。ミーティングのためのミーティングが常態化すると、だれもおかしいと思わない、あるいはおかしいと主張しなくなります。

ここは係長の出番です。

せっかく職員全員が貴重な時間を割いて一堂に会している以上、ミーティングを効率的で密度の濃い、有意義なものにする必要があります。情報の共有化に資するミーティングにする必要があります。そんな時に試されるのが係長のリーダーシップです。

係長スイッチ OFF ON

◎ミーティングに多くの時間が割かれている
◎退屈なミーティングの原因は「手段の目的化」
◎ミーティングの効率を上げて情報の共有化につなげよう
◎有意義なミーティングは係長のリーダーシップで

さっと集まって、さっと終わらせる

まずミーティングを退屈さから開放し、本当の意味で情報共有の場として活性化するには、第一に、ミーティングの時間設定を行うことです。

よく「会議は一時間以内」と言われますが、係のミーティングであれば、最小単位は十五分程度で十分ではないでしょうか。終わりの見えないだらだらと続くミーティングほど、職員のモチベーションを下げるものはありません。ミーティングは、時間の長さではなく密度で勝負すべきでしょう。

「さっと集まって、さっと終わらせる」が原則です。そのためには、ミーティングの冒頭に、何時何分までに終了すると係長が宣言することが効果的です。開始時点でミーティングの終了予定時刻を職員に意識させることで、手際よく情報を交換し意見を出し合うことができます。結果、業務全体の効率を上げることにもつながります。

もちろん、定刻に集まることも忘れてはいけません。開始時刻に遅れてくる職員が、どこの職場にも必ずいるものです。全員が集まるのを待ってから始めることも大切ですが、定刻になったら開始する勇気も係長には求められます。遅刻者に気まずい思いをさせることも時として必要になるのです。

次に、ミーティングの目的を明確にすることです。スケジュールの確認が目的なのか、新しい業務の課題整理なのか、あるいはトラブル対応での意識合わせなのか、職員に対してより具体的に示す必要があります。何のために集まったのかが職員に浸透していれば、ミーティングの成果が自然と見えてきます。

資料の内容確認や定例的な伝達事項であれば、わざわざ集まらなくても、メールや共有フォルダなど別の手段で代替させることができます。

ミーティングの議題や目的を事前に告知しておくべきことは申し上げるまでもありません。集まるためだけにミーティングを開催することほど馬鹿げたことはないと心得ましょう。

◎係のミーティングは最小十五分で十分、密度で勝負しよう
◎ミーティングの基本は「さっと集まり、さっと終わる」
◎定刻になったら、全員がそろっていなくても始める勇気を持とう
◎終了予定時刻をあらかじめ示そう
◎事前に目的を明確にしておこう

沈黙のミーティングを回避する

よくあるパターンとして、ミーティングが「はい、何かありますか？」の発言で始まる場合です。この言葉が発せられた時点で、このミーティングは無意味とは言いませんが、相当だらけたものになってしまいます。週の初めに設定される定期的なミーティングなどでありがちです。そんな時も係長が口火を切って、何か具体的な事柄について発言し、職員の発言を誘導することが求められます。発言の呼び水役を係長が買って出るのです。

こうしたケースに限らず、発言者がいたとしても特定の職員に限定され、出席者のほとんどが発言しないミーティングはどんな職場にも見られる現象です。この「沈黙のミーティング」をどうするかは、係の運営上大きな問題です。職員の参加意識を高めるためには、一回のミーティングで最低でも一回は出席者全員が発言するように工夫を凝らすべきです。

順番に発言を求めていくやり方が一般的ではありますが、この方法、ちょっと芸がないように感じます。順番待ちの発言者もどこか義務的に言わされている感が否めませんし、緊張感に欠けます。

そんな時は、司会進行役の係長がこんな方法も試してみてください。前の発言内容からある要素を取り出して、それを次の指名する発言者にぶつけて話をつなげていくのです。「今、こんな発言がありましたが、この点はどうですか？　〇さん。」といった感じで、ランダムに指名する中で、発言の流れを係長が作り出している方法です。少々スキルが求められますが、トライしてみてください。

朝礼や朝会を実施している職場も少なくないと思います。一日の始まりのスイッチを入れる役割は大きいですが、ともすればマンネリを招きやすいことを心得ておく必要があります。職員は口には出しませんが、意味がないけど仕方がなく付き合っていると感じているかもしれません。朝礼、朝会には、マンネリ化を防ぐための不断の見直しが必要です。決まっていることだから毎日やるのではなく、係員の受け止め方を見極めながら、業務の繁忙期などには一時中断するなどの柔軟な対応も求められます。

係長スイッチ　OFF | ON

◎ 発言者なしのミーティングは大いに問題あり
◎ ランダム指名など、一人一回は発言する工夫を
◎ 朝礼・朝会は、不断に見直しマンネリ化を防ごう

悪い情報ほど迅速に共有化する

　情報は係長も職員もひとりで抱え込まないようにすることが何より重要です。特に、悪い情報ほど埋もれてしまいがちです。これはまずいと感じていても、どう対処すべきか分からない、誰に相談していいのかも分からない……。そのうちなんとかなると放置されたまま時間だけが経ち、のっぴきならない事態に陥ることもしばしば発生します。

　住民や業者とのトラブル情報、苦情情報、業務上のミス・遅れなど、悪い情報ほど迅速に係内で共有し、チームで解決策や善後策を検討する必要があります。そうするためには、言い出しやすい環境をいつも整えておく必要があります。こんなことを報告したら怒られるのではないかと職員が考えては、悪い情報はいつまでも係内で開示されません。

　以前に経験したことです。新人職員が初めての職場での二年間の勤務を終え、他の部署に異動することになりました。少しおっちょこちょいなところはありましたが人当たりの良い普通の職員でした。ところが、その職員が異動し後任者がやってきた時のことです。デスクの引き出しを開けると、大量の封書が未開封のまま出てきました。聞けば、「忙しくて手がつけられなかった。請求書などもあってどうすればいいのか分からなかった。」と言うのです。

　極端な事例かもしれませんが、教訓が多く含まれたケースです。この係でのミーティングは案の定、「はい、他に何かありますか？」式の、形ばかりのものでした。新人職員が発言することはなく、日常的な業務でも新人職員から質問が出されることは余りありませんでした。放置された情報の中には住民からの投書も含まれていました。

本人に問題があったのはもちろんですが、係内の情報共有のあり方に大きな落とし穴があったと言わざるを得ません。新人であっても言い出しやすい雰囲気づくり、相談しやすい人間関係づくりが欠かせなかったのです。

ミーティングの場でいきなり悪い情報を切り出すのには、新人職員ならずともたいへんな勇気が必要です。そうした場合は、事前に係長と職員で話し合い、すり合わせをした上でミーティングに掛けるように配慮することも忘れないようにしましょう。

以上述べてきたように、情報の共有化に向けて職員を促すのが係長の大きな役割です。その強力なツールがミーティングだと自覚して十分に活用してください。

係長スイッチ　OFF｜ON

◎ トラブル情報など悪い情報ほど埋もれてしまうと認識しよう
◎ 迅速に係内で共有し、チームで解決策や善後策を検討しよう
◎ 悪い情報はすり合わせをした上でミーティングに掛けよう
◎ 誰もが言い出しやすい環境を整えよう

スケジュールの共有化の必要性

情報の共有化の一環として、スケジュールの共有化もたいへん重要です。

ＩＴ化の進展により、職場には様々なスケジュール管理ソフトが導入され、スケジュール管理は以前と比較して格段に容易になったようにも思えますが、使いこなすにはいくつかの課題があります。

一番の課題は、個々人によって管理ソフトへの書き込みの基準や要素、表現方法が異なっていることです。ある職員は「打ち合わせ」とだけ記入し、「誰と何を」が抜けていたり、出張の時刻表示が職場を出発する時刻なのか現地に到着する時刻なのかがまちまちだったり、統一感に欠けることがよくあります。

人それぞれの個性と言ってしまえばそれまでですが、出張の時刻表示などはスケジュール管理上、齟齬を来す可能性があります。統一されていなければ、係長が率先して記入例をいくつか提示して、スケジュールの共有化に一役買って出ることが大切です。係内のルールを定めることをお勧めします。係内のルールをブラッシュアップして、課や部に普及させていくのも良策でしょう。

また、スケジュールの開示は係長から積極的に行う必要があります。細かい事項に関してもできるだけ記入しオープンにしていく姿勢を職員に示せば、職員も自然とオープンになっていくでしょう。一度入力して情報の更新がないスケジュール表は役に立ちません。スケジュールの更新も時間を置かずリアルタイムで行うのがベストです。

スケジュール管理は情報の共有化の土台ともなりますので、たかがスケジュールと侮ることなく取り組んでください。

係長スイッチ OFF ON

◎ スケジュールの共有化は情報共有の一環と心得よう
◎ スケジュール管理の係内ルールを定めよう
◎ スケジュールの開示は係長から積極的に行おう
◎ 情報の更新はこまめに行おう

近頃の職員はメモを取らない？

中堅係長にこんな話を聞きました。近頃の若手職員はほとんどメモを取らないと嘆くのです。係長が業務上の連絡事項を伝えても注意事項を話しても、黙って聞いているだけで手は動いていない。なにも若手に限ったことではないかもしれませんが、最近、ペンを動かして相手の話のポイントを紙に書き取る作業が疎かになっているように感じます。

係長がそう感じる一因は、話をする立場としての不安感に起因しています。聞き手がメモを取っていると、自分の発言をちゃんと聞いてくれていると安心するものです。その逆に、無反応でメモも取らない態度を目の当たりにすると不安が募るというわけです。

では、そもそも職員はなぜメモを取らないのか。自分の記憶力によほど自信があるのでしょうか？　人は同時に三つ以上のことを覚えられないとも言われています。耳で分かったつもりになっても、人の記憶は少し時間が経つと頭から消えてしまいます。分かったつもり、覚えたつもりが仕事上の大きな支障になりかねません。

さらに問題なのはこんなケースです。係内で話されている事柄が自分には関係ないことだと思っている職員がいたとしましょう。その職員にとって、係長の言葉も同僚の発言も、直接的には自分の仕事には影響がない、だから聞き流しておけばいいと高をくくっています。だから、メモを取らない。メモを取る必要がそもそもないのです。

だとしたら、その職員は自分の業務範囲を非常に限定的に捉えていることにならないでしょうか。係全体の動き（場合によっては課長からの情報提供や業務上の包括的な指示）が直接間接に自分自身に関わってくることを理解していないということになります。こうした場合は、本人の状況をしっかり見極めた上で、場合によっては仕事に対する姿勢を改めてもらう必要があります。

以上のように、覚えているから大丈夫というケースも、自分には関係ないというケースも、仕事のやり方と仕事への向き合い方に問題ありと言わざるを得ません。係長として、「ここは大事な点だから、メモしておいてね。」といった軽いタッチでやんわりとメモ取り行動に誘導していくのがいいでしょう。

メモの効用は備忘録的な位置づけに止まりません。相手の話の要点をリアルタイムで把握する能力を培うことにも役立ちます。メモを取る重要性はＩＴ万能時代になっても減ることはありません。もし、仕事中にメモを取る習慣が身についていない職員がいたら、こうした観点からも是非、係長としてメモ取りを推奨してください。

職場にはメモ魔と呼ばれる職員がひとりぐらいはいるもので、その職員の胸元のポケットには、あふれんばかりの筆記用具が刺さっていたりします。意気込みを感じると同時に、もう少し本数を減らしても支障はないのではないかとも感じてしまいますが、そこは彼／彼女に任せましょう。

問題は書き写す紙があるかどうかです。人によっては専用の小さなメモ帳を常に持ち歩いて不意のメモ取りにも対応できるように工夫しています。

最悪、手元に紙類が何もない時はどうするか。私は名刺の余白に小さな文字で走り書きをしてメモ帳の代わりにしたこともありました。仕事術のひとつとして覚えておくといいかもしれません。

ペーパーレス化、資料のタブレットによる提供など、メモを巡る環境も大きく変化しています。それでもなお、手書きメモの効用はなくならないと思います。

係長スイッチ　OFF ON

◎ 分かったつもり、覚えたつもりがミスを招く、メモ取りの習慣を

◎ メモを取らない職員は仕事への姿勢に課題がある可能性あり、しっかり見極めよう

◎ メモ取りは要点把握の能力を養うためにも役立つと理解し、推奨しよう

2　進行管理と段取り上手

係長＝監督者の役割のひとつに業務の進行管理があります。そのためか、係長の中には係全体の動きを常時把握しなければならないと思い込んでいる人がいます。しかし、進行管理は単に職員の業務態度を監視することではありません。では何をどうすればいいのでしょうか。

進行管理はどこまでやるべきか

定型業務であれば、毎月、毎期の締め切りに向けて業務が滞りなく完了するかを進行管理することが必要です。また、プロジェクトや単発の至急案件であれば、さらに詳細な状況把握が求められることになるでしょう。その際、係長が行うべきは、職員から毎日のように仕事の進捗状況を聞き出して工程表にチェックを入れるようなことではありません。

係長は自らの業務を担いつつ係全体に目を配る立場にありますから、そんな細かいチェックをしている時間的な余裕はありませんし、業務に専念している職員にとやかく口出しするのは職員のやる気を削ぐだけで、むしろ逆効果です。係長は各職員の担当業務の入り口と出口を押さえればいい、そう腹をくくって割り切るべきです。つまり、職員を信頼して最後まで任せることが第一義なのです。

それでも心配であれば、締め切りの数日前に一度確認をしましょう。特に係長から見て不安を感じさせる職員に対しては、他の職員よりも多めの気配りが求められます。進行管理などと堅い言葉を持ち出さなくても、日常的なコミュニケーションを通じて業務の進み具合などをそれとなく把握することが可能であり、ソフトな進行管理の見本といえます。

ただし、業務の遅れや締め切りに間に合わない事態は、前から心配していた職員が原因で発生するというよりも、往々にして仕事を着実にこなす職員のケアレス・ミスであったり、外部的な要因によるものです。その場合は、「なぜもっと早く報告しなかったのか。」と職員を責めて原因追及に時間を割くのは得策ではありません。それよりも前に、係全体で解決策を考え、切り抜けることに注力すべきです。

ミスのリカバリーをどれだけ迅速に円滑にできるかも進行管理の一貫として捉えておく必要があります。

◎進行管理とは、常時、職員を監視することではない
◎係長は各職員の担当業務の入り口と出口を押さえればいい
◎業務の遅れは、心配な職員が原因とは限らない
◎業務の遅れをリカバリーすることも進行管理の一環

段取り上手な係長になろう

進行管理に関連して重要なのは、事前の段取りをどう組むかです。段取り次第で業務の進行は大きく左右されるからです。

段取りは料理の準備と似ています。具材をそろえて下ごしらえを済ませ、調味料も準備して、さあ、あとは煮たり焼いたり炒めたりするだけ。下準備ができていれば、調理の時間もある程度、想定することができます。仕込みの出来不出来で、その後の業務のスピード（調理時間）も質（味）も決まってくるのです。

業務の段取りとは作業工程を考えることですが、その前に必要なステップがあります。やるべきこととやらなくていいことを明確に分別することから始めましょう。まさに、料理の具材をどうそろえるかです。

個々の業務は、やるべきことが目の前に山積しているケースがほとんどです。職員も業務量の多さに押しつぶされそうになります。しかし、想定される業務プロセスを全部盛り込んで段取りを組むことは極力、避けなければなりません。

やる気のある係長ほど、業務に完璧を求めてしまいがちです。すると、やるべき事項もそれに比例して増大します。ここに落とし穴があります。具材をあれこれ取りそろえ、調味料も全種類ならべてしまうのです。

　しかし、マンパワーや時間の制約を抜きに業務の遂行は考えられません。係長は、現実的な落としどころを見極めた上で、段取りを考えなければいけません。

　それには、業務を開始する前に一旦、立ち止まる必要があります。業務の中身を十分に精査すれば、やらなくてもいいことが数多く紛れ込んでいることに気づきます。つまり、やらなくていいことを洗い出す作業こそが、段取りを組む上で最も大切なプロセスになってくるのです。

　係長は何をやるかを明示することも重要ですが、同時に、不必要な作業工程を職員とともに見つけ出すこと、職員とともに意識合わせをすることが重要になってくるのです。

◎　業務の段取りは料理の準備と似ている
◎　段取りの第一歩は、やるべきこととやらなくていいことの分別
◎　業務を始める前に立ち止まり、やらなくていいことを洗い出そう
◎　不必要な作業工程は職員とともに見つけ出そう

資料作成の手戻りをなくす

資料作成にも段取りが必要です。事前の段取り次第でその後の作業効率が格段に改善されます。資料作成の要求は、上司から降って来ることが大半です。「こんな資料、いついつまでに作っておいてね。」と指示されるのは係長の日常的な光景でしょう。

そんな時、資料作成で職員が最も恐れることは、手戻りの発生です。せっかく残業して作成した資料が、上司のＯＫをもらえず、差し戻しや作り直しという事態が往々にして起きてしまうのです。なぜでしょう。

資料作成は指示を受ける瞬間が一番の勝負どころになります。ふつう、「はい、分かりました。」と指示内容を十分に確認しないまま、安請け合いしてしまうものです。しかし、これが後々、大きな禍根を残すことになります。

上司は何の目的でどのレベルの内容の資料を欲しているのか、そこが分からなければ、ほぼ一〇〇％手戻りが発生してしまうでしょう。せっかく完成した資料を上司に持っていっても「こういう感じじゃないんだけどな……。」と差し戻されます。

係長は内心、「だったら、最初にそう言ってくださいよ。」と不満を募らせます。上司の側にも曖昧な指示を出した落ち度はありますが、係長も指示を受けた時に内容の確認を怠ったミスは否めません。

上司によっては、係長が指示内容を細かく確認してくるのを快く思わないかもしれません。

それでも、係長は具体的に指示内容を確かめる必要があります。もちろん、上司の気分を害さない範囲でではありますが、手戻り防止の観点から避けて通れないプロセスであると認識しましょう。

資料作成の成否は上司の指示を受けた時の係長の行動に係っています。指示内容が把握できれば、あとは資料の完成形も頭に浮かんできます。ここであとひと押し。課長と係長の間で、資料の完成イメージが共有できていればいいのですが、往々にしてズレが生じています。

イメージが曖昧な場合は、ラフスケッチを描いて上司に見せて確認することをお勧めします。そのイメージを職員と共有し作業に取り掛かれば、手戻りを確実に減らせます。

◎ 資料作成にも段取りがあると心得よう
◎ 資料作成は指示の瞬間が一番大切、安請け合いはしない
◎ 具体的に指示内容を確認することで手戻りをなくそう
◎ ラフスケッチを描いて確認し、資料のイメージを共有しよう

3　職員の人材育成は仕事を通じて

係長は職員全員の人材育成にも取り組む必要がありますが、係長業務に占める割合はどの程度が妥当なのでしょうか。

個人的見解ですが、ウエイトはそう高くはありません。ただし、誤解のないようにお願いします。係長にとって職員の人材育成業務は適当にこなしていればすむという意味ではなく、人材育成を独立した仕事として捉える必然性は低いと認識すべきなのです。つまり、係長が実践する人材育成と課長以上の管理職が取り組む人材育成とは異なっているということです。

管理職の実施する人材育成として挙げられるのは、職員が指示に対してどう対応するかを見極めて改善を促す、定期的な面談等を通じて意識づけを行う、研修の受講促進など、職員を客観的に把握して誘導する方法です。

一方、係長はもっぱらＯＪＴが中心の人材育成になります。言い換えれば、仕事の実践イコール人材育成です。

職員が若い頃を振り返って最も印象に残っているのは、係長の存在ではないでしょうか。いつもそばにいて何かと面倒を見てくれるのが係長だからです。良くも悪くも係長の存在は大きいのです。当然、係長から受ける影響も小さくはありません。それに比べて課長以上の上司の印象は、職員から物理的にも心理的にも距離が遠い分、係長にはかないません。

係長は一緒に仕事をしている職員に対してどんな影響を与えられるのか、また残すことができるかを考えましょう。そうして考えたことを実行するのが、すなわち係長による人材育成なのです。

職員に何かを残せるとしたら、それはあくまで仕事を通じてであり、頭ごなしのお説教によってではありません。仕事を職員と一緒に行う課程で自分の働く姿を見せ、同時に職員の行動を見て要所で助言をすることが係長の人材育成の基本です。

その際、職員にはふたつのタイプがあることを認識することが重要です。押して伸びるタイプと引いて伸びるタイプです。

押して伸びるタイプに対しては、実力より少し高めの業務水準を設定するなど適度なプレッシャーを与え、途中経過では叱咤激励する態度が有効です。このタイプは、係長から積極的に刺激を与えて大きく伸ばすことができるでしょう。

一方、引いて伸びるタイプには、こうした手法があまり通用しません。むしろ、逆効果です。行き過ぎた干渉を避け、適度なコミュニケーションを心掛けるとともに、励ます姿勢、褒める言葉掛けを実行しましょう。

若手職員の場合、後者のタイプの職員のほうが多数を占める傾向にあると思われますので、係長としては、言い方は変ですが、「よいしょ」戦法を多用することが有効です。ほめて伸ばす、職員を盛り立てていく必要があります。

いずれにしても、係長にとって重要なのは、職員と一緒になって自分が成長する意識を持つことです。その結果として、職員もさらに成長します。自分の成長が職員の成長につながっていくのです。

さらに詳しく新人職員や若手の育成に関して理解を深めたい方には、『教える自分もグンと伸びる！　公務員の新人・若手育成の心得』（堤直規著、公職研発行）をお勧めします。

係長スイッチ

OFF ON

◎ 係長が実践する人材育成と管理職が行う人材育成とは違う
◎ 係長は仕事の実践イコール人材育成
◎ 職員には押して伸びるタイプと引いて伸びるタイプがある
◎ 前者には適度なプレッシャーを、後者には「よいしょ」作戦を

4　ハラスメントで職員を潰さない、自分も潰れない

職場の人間関係で最も深刻な問題は、各種のハラスメントです。被害者にとっては自分の人生を左右しかねない重大事です。と同時に、職場や他の職員にとっても、毎日の業務に悪影響を及ぼします。以下、ハラスメントの基本から係長としての対応方法までを見ていきます。

パワハラの芽は早期に摘み取る

二〇一九年五月、改正労働施策総合推進法が成立しました。いわゆるパワハラ防止法です。これによりパワハラ防止のための雇用管理上の措置が事業主に義務づけられることになりました。法律の内容は自治体職員にも基本的に適用されます。

同法では、以下の三つの要素すべてを満たすものをパワハラと定義しています。

（一）優越的な関係を背景とした
（二）業務上必要かつ相当な範囲を超えた言動により
（三）就業環境を害すること（身体的若しくは精神的な苦痛を与えること）

法律の定義は抽象的で分かりづらいですが、厚生労働省が各種のガイドラインを公表してい

ますので、より具体的な事例が知りたい方は是非それらを参考にしてみてください。

自治体でも、対策の強化がなされています。特にハラスメントの相談窓口の整備は進んでおり、各部署にハラスメント担当が設置（多くの場合、庶務担当の課長など）されたり、自治体として匿名の窓口を設けたり、様々な対策が講じられています。係長として、パワハラ防止の知識を習得し、自治体の相談窓口等を確認しておくことは基本中の基本です。

ただ、残念なことですが、相談窓口が十全に機能しているかと言えば、そうとは言い切れません。組織は組織内の不祥事やトラブルを一大事にしたがらない傾向にあります。ですから、どうしても穏便に済ませがちになるのです。また、ハラスメントの内容を他人に告げることへの抵抗感も相まって、パワハラ防止がなかなかうまくいっていないのが各自治体の実情ではないでしょうか。

私の経験に即して申し上げれば、ハラスメントの被害者は、大抵の場合、相談する時点ですでに切羽詰まった状態に追い込まれていて、精神的に追い込まれているケースがほとんどでした。そうした意味からも、ハラスメントは初期段階で芽を摘むことが非常に重要になってきます。職員に最も近いところにいる係長がその役割を担う必要があります。公式の窓口に問題が上がる前に、職員をハラスメントから守ることが係長には求められているのです。

また、ドラスティックな言い方をすれば、ハラスメントは被害者の人生を台無しにするだけでなく、組織にも深い傷を負わせることになります。被害者と加害者の双方の人材を失うことは、業務執行上たいへん大きな損失になるからです。

そうならないためにも、ハラスメントの未然防止が重要になります。日頃からの職員への目配り、何気ない雑談を通じての職員ごとの状況把握が有効です。ちょっとした人間関係のもつれが後々肥大化し、ハラスメントに結びつくことがあります。そうならないように配慮する必要があります。

また、係長自身が職員に対して常にオープンであることが重要です。職員が係長に何でも気軽に話を持ちかけられる雰囲気を醸し出すように心掛けましょう。係長自身がパワハラの源とならないようにするためにも、風通しの良い人間関係が求められます。

ハラスメントによって生じる人的な被害を修復するには膨大な時間と労力を要します。それを考えれば、未然防止こそが最大のハラスメント対策です。小さな芽のうちに摘み取る努力を係長として実践しましょう。

係長スイッチ　OFF　ON

◎係長としてハラスメント関係法令とケースを学ぼう
◎パワハラ防止の知識を習得し、相談窓口等を確認しておこう
◎ハラスメントは相談窓口に行く前の段階で、早く芽を摘み取ることが大切
◎日頃の目配り・声掛け、話しやすい雰囲気づくりで未然防止に努めよう

記録を残すことは自分の身を守ること

では、実際に職員からハラスメントの相談を受けた場合、係長はどう対処すべきでしょうか。まずは、先入観を持たずに、話をじっくり聞きましょう。途中で自分の意見をさしはさむことを極力ひかえ、聞き役に徹することが大切です。被害者の気持ちに寄り添うことが相談を受ける第一歩です。

これに加えて私の場合、相談窓口に持ち込んだりどこかに訴え出る前に、とにかく記録を正確に残すよう強く促していました。ケースの深刻さによっては、加害者とのやり取りを密かに録音することも必要だと伝えることもありました。

物騒な話に聞こえるかもしれませんが、自らの主張の正当性を第三者（相談窓口など）に証明するには、ハラスメントが行われた日時、場所、関係者、言動内容等を明記した記録を残しておくことが欠かせません。記録しておくべきポイントは、客観的事実はもちろんですが、自分がどう感じたか、相手がどう反応したかです。また、自分以外にも同様の被害者がいる場合があります。そうした情報も重要になってきます。さらに、ハラスメント前後の職場の状況についても記録することが必要です。

相手側は当然、簡単にはハラスメントの事実を認めようとしないでしょう。指導の一環でやった、そこまで強くは言っていない、ちょっと触っただけ、拒否されなかった、冗談のつもりだったなどなど、意図したハラスメントではない理由を次々と主張し、結局は水掛け論に陥ってしまいます。

相談を受けた部署は公平性を担保するため、被害者・加害者双方の言い分を均等に聞き入れようとします。白黒決めがたいとなれば、受け止め方の問題だとして、うやむやにされてしまうことも十分にあり得ます。残念なことですが、どっちつかずの結論になることが多かったように思われます。

しかし、双方痛み分けの結論は、被害を実際に受けている立場からは受け入れがたいものです。だからこそ記録が必要なのです。記録は決して加害者を追い詰めて断罪することを目的とするのではありません。被害者が自らを守り客観的にハラスメントの事実を立証するには、ハラスメント行為に関する事実の積み上げ、いわゆるファクトこそが、最も心強い味方になるのです。

記録の目的・主旨を十分理解してファクトを残しましょう。ハラスメントの被害職員に記録を取ることの重要性を理解させ、行動を起こすように促しましょう。

◎ハラスメントの記録を正確に残すことを促そう

◎日時、場所、関係者、言動内容等、客観的事実を記録しておこう

◎自分がどう感じたか、他の被害者などの情報も重要

◎被害者が自らを守り客観的な事実を立証するには、行為に関する事実の積み上げが最も心強い味方

逆ハラ事象って何？

さて、ハラスメントの項の最後に、まったく真逆のことを書かなければなりません。それは「逆ハラスメント」の問題です。ハラスメントに対する認識が高まるにつれて、あることないことハラスメントだと上司や同僚を訴えるケースが、徐々にではありますが出てきています。まさに「逆ハラ」と呼べる事象です。

「逆ハラ」とはこんなケースを指します。酒の席で男性職員に少し絡んだ女性管理職がその男性職員からセクハラを受けたと訴えられたり、身に覚えのない言動で出先の所長がパワハラ疑惑をかけられたりすることです。前者の事例は実際に私が相談を受けたケースでしたが、事実確認を進めていく過程で、訴えた男性職員の職場での不適切な言動が逆に明らかになる結果となりました。

今や「ハラスメント＝被害を受けた側の受け止め方で判断」との認識が定着していますので、この理屈を悪用して被害者になりすませば、相手を加害者に仕立て上げることができてしまうのです。

もちろん、事実か否かの認定がまず先にあっての話ではあります。しかし、職場でのちょっとした感情のもつれや日々の言動の繰り返しに嫌悪感を抱き、その相手をなんとか懲らしめてやろうとわざと「ハラスメント」を悪用しているとしか思えないケースもあるのです。

本当のハラスメントか逆ハラによる巧妙な罠なのかの線引きは極めて微妙です。事実確認に基づいて慎重に対応する必要がありますが、いずれにしても、ハラスメントに対する意識の高まりによって、上司も部下も新たなリスクにさらされていることだけは間違いありません。係長としても認識しておくべき事柄です。

こうした「逆ハラ」の根底には、そこに至るまでの人間関係が大きく影響しているのは確かです。ちょっとしたコミュニケーションのズレや受け止め方の違いがいつの間にか蓄積・増幅して逆ハラ行為にまで行き着いてしまうのではないでしょうか。煎じ詰めれば、職場での日常的なコミュニケーションのあり方を良好に保つことが、すべてのハラスメントの芽を摘み取ることに直結しているのです。

係長スイッチ OFF ON

◎「逆ハラ」とは被害者になりすまして上司・同僚を加害者に仕立て上げる行為
◎ハラスメントを悪用した「逆ハラ」のリスクを意識する必要がある
◎日常的なコミュニケーションのズレが「逆ハラ」を生むと理解しよう
◎すべてのハラスメントの根底には、人間関係の歪みがある

5　住民対応を「苦手」にしない

住民対応は、係長に限らずすべての自治体職員にとって、避けて通れない必須の要素です。なかには、住民からのクレームを恐れて苦手意識を持っている係長もいるかもしれません。しかし、一人ひとりの住民に向き合わない限り、行政サービスを適切に届けることはできません。得手不得手の問題ではなく、すべての職員が仕事の基本に据える必要があります。

住民対応といっても窓口対応から住民説明会、あるいは個別折衝の場面、さらには地域住民の団体対応など多岐にわたります。ここでは主に各種窓口における住民との関係について見ていきましょう。

窓口は行政サービスの最前線

改めて言うまでもなく、窓口こそ行政サービスの最前線です。日々様々な住民が来訪し、職員とコミュニケーションを交わす場は、自治体行政の原点です。

まず基本中の基本は、相手にきちんと向き合って相手の顔を見て話を聞き話すことです。初対面の相手に対して「あなたのお役に立ちたい」という気持ちを誠実な態度で表すことが重要です。

特に、高齢者に接する際は、ゆっくりはっきり発音することが求められます。また、話が行ったり来たりして要旨が不明瞭な場合も多々ありますが、粘り強く相手の話に耳を傾け、必要に応じて「こういうことですね」と確認を取りながら、本当は何を求めているのかを把握しなければなりません。

そして、意外と忘れがちなのが、最後のひと言です。用件が済んだあと、「他に何かございますか。」「ありがとうございました。」「お気をつけて。」、こんなひと言を添えるだけで住民の印象もぐっと上がります。

住民目線に立って緊張感を持って住民対応に当たりましょう。ここまでは、係員全員に共通する住民対応のベースになる部分です。

係長スイッチ OFF ON

◎ 窓口は行政サービスの最前線、自治体行政の原点と捉えよう
◎ 「あなたのお役に立ちたい」という気持ちを態度で表そう
◎ 高齢者には、ゆっくりはっきり発音し、粘り強く話に耳を傾けよう
◎ 「お気をつけて」などの最後のひと言を忘れずに
◎ 住民目線で緊張感を持って住民対応に当たろう

窓口でのトラブルは係長が仕切る

窓口対応の難しさは、なんといってもクレーム対応です。クレームにまで発展しなくても、窓口でのトラブルは職員がどんなに注意をしていても発生します。

トラブルの原因は些細なことが大半です。職員の横柄な態度や言葉遣いに腹を立てた、この窓口では対応できないとたらい回しにされたなど、職員としては真摯に対応しているつもりであっても、住民の感情を害してしまう場合がどうしてもあるものです。また、手続き上、行政側にミスがあり住民に不利益が生じているケースも考えられます。

トラブル対応の第一歩は、相手の主張内容と事実関係を正確に把握することです。単に感情的な問題だけなのか、具体的な要求が含まれているのか、その部分を見極める必要があります。もちろん、感情と要求が絡み合っている場合も少なくないと思われます。

次に重要なのが、係長がどのタイミングで矢面に立つかです。最後まで職員任せで解決できればそれに越したことはありませんが、感情的にこじれた場合など、長引けば長引くほど収拾に時間を要することになります。

窓口が大勢の住民が出入りする場所であれば、他の住民の方々に不快な思いをさせてしまいかねません。第一、その部署や自治体のイメージも低下してしまうでしょう。さらに、トラブル対応は入り口での対応を誤ると、他の部署に飛び火する可能性もあるので要注意です。

係長は職員の対応状況をつぶさに観察し、職員からヘルプ・コールが発せられる前に、住民と職員の間に割って入ることを心掛けましょう。係長は職員の防波堤であると自覚し、勇気を出して行動に移すことが肝要です。なぜなら、職員がトラブル対応で塞ぎ込んだり、最悪の場合、メンタル疾患に陥らないよう、職員を守る役割を負っているからです。

係長として時間をかけて住民の訴えを聞き、徐々にクールダウンを図っていくのもひとつの方法ですし、理不尽な要求には係長として毅然とした態度で臨む必要があります。

係長スイッチ OFF ON

◎ 対応の第一歩は主張内容と事実関係を正確に把握すること
◎ トラブルには、感情的な側面と具体的な要求の側面がある
◎ 係長は職員の防波堤になる覚悟を持とう
◎ 時間をかけてクールダウンを図るのも一案
◎ 理不尽な要求には毅然とした態度で臨もう

クレーマー対応は係長の出番

役所の窓口に怒号が響きます。

「おまえじゃ話にならない。上司を出せ！」「つべこべ言わずに市長に会わせろ！」

少なからず見かける光景です。ここまでこじれなくても、いわゆるクレーマーと呼ばれる住民はどこの窓口にも現れます。普通の住民が突如クレーマーに豹変することもあれば、常連クレーマーが特定の窓口に頻繁に現れる場合、同一のクレーマーがいくつもの窓口に出没する場合など、様々です。

クレームが大きくなる前に食い止められればベストですが、クレームをゼロにすることはほぼ不可能。ならば、クレームが発生したときに迅速に対応できる心構えとノウハウを備えておくしかありません。

クレーム対応の第一は、複数の職員で対応することです。職員を助けに係長が出張った場合でも自分ひとりにならず、職員を記録係として残すことなどを考えても良いでしょう。また、相手が感情的になっている時こそ、係長は相手の挑発に乗らず、冷静な態度を貫く必要があります。

場合によっては、対応の状況を他の職員に頼んで課長に第一報を入れることも必要になるかもしれません。それができなくても、事後的には、必ず対応の詳細を上司に報告しましょう。

悪い情報ほど速やかに情報共有することが不可欠です。

では、前述のように「上司を出せ。」「市長（知事）に会わせろ。」と迫られた場合は、どう対応すべきでしょうか。ここは係長としての踏ん張りどころ、安易に押し切られてはいけません。ただし、中には頑として態度を曲げないクレーマーもいます。そんな時は、日時を改めて課長に相談する旨を伝え、引き取ってもらうのが次善策です。課長によっては矢面に立つことを毛嫌いするでしょうが、ギリギリまで粘っても駄目なら、この手も選択肢のひとつになると思います。ただし、要件と時間を限定しての対応になることを忘れずに。

住民から罵声を浴びせられることが得意な係長はどこにもいません。誰もが耐えていると思い、自己鍛錬の機会と受け止めましょう。また蛇足ですが、住民は職員のことをよく見ています。庁舎内の廊下やエレベータでの何気ない会話や態度が住民の心証を悪くすることもあると職員全員で認識しましょう。

係長スイッチ OFF ON

◎ クレーム・ゼロは不可能、迅速な対応の心構えとノウハウを
◎ 複数での対応、相手の挑発に乗らない冷静な対応を
◎ クレーム対応の上司への報告は迅速に
◎ 「上司を出せ」に押し切られない、後日の対応も選択肢

第3章　業務改善派係長と女性係長の実践的ノウハウ

パッ！

第3章では、自治体職員を直接取材して明らかになってきたふたつの係長像について記述します。ひとりは首都圏のある市に勤務する業務改善派の係長（現課長）、もうひとりは瀬戸内海沿いのある市に勤務する女性係長です。

自治体の置かれた状況や職場環境は異なりますが、おふたりとも地域の課題に真正面から精力的に取り組んでいる自治体職員です。みなさんと同様、日々の業務の中で壁にぶつかり上司や職員との人間関係に心を砕いて奮戦されています。そうしたおふたりの経験から多くのことを学ぶことができます。是非、参考にしてください。

1 係長として業務の課題を解決するために

係の状況を十分に把握し、キーパーソンを見つける

新しい職場に新任係長として異動した直後は、職員、課長との人間関係の構築や、新しい仕事そのものの習熟に注力しなければなりません。ただ、時間が経過するにつれて、新任係長だからこそ見えてくる職場の課題や仕事上の問題点があるのです。

組織の常として、知らず知らずのうちに非効率的な仕事の進め方が常態化します。組織の中

にいると視野が狭まり、身の回りのことに何の疑問も持たなくなります。しかし、他の部署から異動してきた新鮮な目には、組織が抱える当たり前の課題・問題点がやたらと見えてしまうものなのです。

こうして課題を発見するところまでは多くの新任係長が実践していることだと思います。難しいのは課題が見えてきたその後です。具体的な改善に向けて、係長としてどう行動するかが重要になってきます。

そんな時、ついやってしまいがちなのが、「なんでこんなやり方なのだ、おかしいじゃないか。こう変えるべきだ。」と、上から目線でいきなり問題点を指摘しまくることです。

しかし、前からいた職員にとっては、あくまで組織の常識の中で仕事をしてきたわけですから、新任係長の指摘に対して素直に賛同してくれることはまずありません。様々な反発を招くことになります。

新しい職場での問題点の発見・指摘はあくまでスタートに過ぎません。具体的な業務改善にたどり着くには、様々な工夫と苦労を経なければならないのです。

ある改革派の係長の体験を元に、業務課題解決の道筋を探っていきます。

まず、職員の仕事に取り組む様子や熱意、雰囲気、課長の姿勢（事なかれ主義か否かなど）を観察し把握します。この段階は、業務改善とは直接は関係ありませんが、人間関係の把握の意味からも踏むべきステップです。仕事の流れが分かってくれば、おのずと問題点もあぶり出されてきます。でも、すぐに動くのは得策ではありません。職員の不評を買うだけです。功を焦らずじっくり構える必要があります。

多くの職場は、日々の業務に追われ、業務改善にまで手が回らない状況です。面倒なことはせず、与えられた業務をこれまで通りのやり方でこなしさえすればそれでよし、といった保守的な職場は数多くあります。

経営・マーケティング分野の専門用語に「ブルー・オーシャン」という言葉があります。「競争相手のいない未開拓の市場」という意味です。まさに保守的な職場は、業務改善派の係長にとってのブルー・オーシャン、改善の余地が有り余っている職場だと言えるでしょう。

しかし、係長ひとりだけでは浮いてしまって戦えません。仲間が必要です。第一段階で把握した職員の特性から、改善に協力してくれそうな職員を見つける段階に進みます。

係長から見つけようとしなくても、職員の側から業務上の課題について相談してくることもあります。地道に仕事をしている職員が問題意識を持っていて新任係長に声を掛けてくる場合もあるでしょう。また、若手職員が前任の係長に申し出ても受け入れてくれなかった経験を持っているかもしれません。

とにかく、業務の進め方などに疑問を抱いている職員は心強いキーマンとなるでしょう。

◎新任係長だからこそ見えてくる職場の課題がある

◎上から目線でいきなり問題点を指摘するのは避けよう

◎まずはすぐに動かず、係の状況を把握しよう

◎保守的な職場は改善の余地がたくさんあると受け止めよう

◎改善に協力してくれそうな職員を見つけよう

係の課題を職員と共有し、改善策を共同で作り上げ実行する

私が話を伺った業務改善派のKさんは係長当時、課題に対する共通認識を得るため、業務改善に前向きな職員たちと、仕事の後に夕食ミーティングを不定期で行っていたと話していました。Kさんは課題の洗い出しのために、かなりの時間と労力をかけていたことになりますが、そこまでしなくても、複数の職員と一堂に会して意識合わせを行うことはとても重要な作業だと言えるでしょう。

ただ、一部の職員だけが係長と何か打ち合わせをしている姿は、他の職員からすると「係長たちはこそこそ何をしているのだ、いつも少人数で集まって。」と不審・不快に思われてしまいます。ミーティングを行う際には、場所とタイミング、職員への配慮は欠かさないようにしましょう。

個々の職員にとっての業務改善のきっかけは、案外単純なものです。自分の業務に無駄がある、もっと効率的にやれるのに、といった、ある意味で自己中心的な問題意識の場合が多いのではないでしょうか。スタートはそれでいいのです。この個人に根ざした感覚を係全体の問題として昇華する必要があります。問題意識の共有があって、初めて「大義」が生まれるのです。

「大義」とは大げさな表現に聞こえるかもしれませんが、まさに一個人の問題ではなく、係

の職員全員に関わる課題、組織の課題として位置づけることが、最終目的である業務改善につながっていくことを忘れないでください。

課題に対する共通認識ができ上がれば、次は改善策です。改善策の具体的な中身は、業務を担当している職員に提案させることが重要です。係長としてつい口を挟みたくなる気持ちはわかりますが、係長はできるだけ聞き役に回り、アドバイス役に徹し、全体のまとめの際に調整力を発揮するのが理想です。

次のステップとして、まとまった改善案を係の案として課長に説明します。係の職員の総意として動けば、課長は追認するしかありません。業務改善が実施され成果が出れば、課長のポイントにもなるわけですから。

もし仮に課長から難癖をつけられたら、部長に泣きつく？　いえ、改善案に至る過程をもう一度しっかり説明して理解を得ましょう。場合によっては、粘り強い交渉が必要になりますが、ここは係長の踏んばりどころと捉えてがんばりましょう。

改善策を実行に移す際には注意点がいくつかあります。まず、すぐに取り掛からずタイミングを見計らう（例えば、係の繁忙期を避ける、試行期間を設けるなど）こと、係のキーパーソンが改善を主導する形をとる（係長が前面に出すぎない）ことです。そして、「係の業務の不具合を解消し職員全員が恩恵を受ける」という大義名分を常に掲げ続けることです。

改善案のとりまとめや実施に際しては、事務的な手間がどうしてもかかります。この部分の負担感をどうするかも業務改善を成功させるためのポイントです。極力、職員に押しつけず、場合によっては、係長が引き受ける覚悟も必要になってくるでしょう。

業務改善派は異動先の職場で浮いた存在になりがちです。必ず疎まれます。それでも業務改善は係や課にとって不可欠であることに変わりはありません。業務改善に取り組む係長が次々と誕生することを願っています。

◎ 職員と問題意識を共有しよう
◎ 係全体に係わる「大義」を生み出そう
◎ 改善の中身を職員に提案させよう
◎ 改善案を課長に説明して理解を得よう

新しい職場で、つい気がついてしまう業務上の課題・ベスト3

新しい職場に異動して、「あ、ここ、直したほうがいいな」と気がつきやすい事柄を三つ取り上げます。いずれも業務改善の初歩の初歩に属します。

第三位は、「マニュアルがない！」です。

異動してきたからこそ不便を感じ、あったらいいのにと思うことがしばしばあるのが、このマニュアルです。ただし、「ない」というのは必ずしも正確な表現ではないかもしれません。あるにはあるが古くて使いものにならない、簡略化されすぎていて初めて業務に当たる人向けではないなど、マニュアル全般の不備には誰もが一度ならず直面したことがあるのではないでしょうか。

マニュアルは決して万能ではありませんが、マニュアルを新たに整備する過程で、気づかなかった課題を探し出すきっかけにもなるというメリットがあります。これこそ業務改善として最も身近な成果物になります。

第二位は、「職員の役割分担が不明確で、業務量に偏りがある」です。

たまにですが、職員の業務分担表のない係があります。そうなると、新米係長は、一人ひとりにどんな仕事を担っているかを聞いて回らなければいけなくなります。職員にとっても、隣の人がどの業務のどの部分を担当しているのかが分からないという困った状態です。自分の守備範囲だけを黙々と処理している分には支障はないかもしれませんが、係をトータルに見る目が完全に欠けていると言わざるを得ません。業務分担表の整備は、仕事の棚卸しの絶好の機会にもなるでしょう。

後半の「業務量に偏りがある」の部分も、新米係長には頭の痛い問題です。この問題は、マニュアルや業務分担表の不備とも密接に関連しています。係の業務が質・量ともに整理されていないために、職員間のアンバランスが生じているのです。ただし、業務分担の見直しは目につきやすい課題のひとつとはいえ、意外と難航します。見直しの結果、業務過多だった職員は救済されますが、その分、仕事が増える職員が必ず出てくるからです。

理想は、業務の見直しで簡素化を図る部分を捻出し係全体で業務の効率化を図り、その恩恵が全員に行き渡ることです。しかし、現実はそううまくはいきません。しかも、仕事ができる職員に業務が偏る傾向にあり、適正な業務分担は一筋縄ではいかないことを肝に銘じておく必要があります。

そして、つい気がついてしまう課題の第一位は、「資料が整理されていない、何がどこにあるのか分からない」です。

新米係長は、ただでさえ何がどこに保管されているのか分からず、職員に何度も質問をしなければなりません。ところが、以前から在籍している職員も、全部を把握しているわけではなく、隣の課の書棚に探しに行ったり、地下の書庫に出向いたり、係をあげての大騒動に発展しかねません。

書類の適正な保管や文書量削減の取組みは、役所が抱える長年の懸案事項の代表格です。ということは、いつまで経っても解決できない難問ともいえます。ＩＴ化が進む昨今でも、大量の文書に押しつぶされそうな職場は数多く残っています。本来なら、期日を決めて職員総出で棚卸しをしたいところですが、業務の繁忙は職員によって様々だったり、面倒で踏ん切りがつかなかったり、未実施の理由はいくらでも見つけられそうです。

もし、新米係長がこの問題に手をつけるとすれば、職場の目に見える部分での文書整理から着手するのがベストだと思います。見た目がすっきりすれば、職員の達成感はそれなりに得られます。ただし、実施時期は職員の合意が前提であって、異動直後に着手するのは危険です。

以上、取り上げた三つの課題はどの職場にも存在します。だからこそ誰もが見て見ぬふりをしがちな定番の課題なのです。見つけたからといって、鬼の首を取ったようにはしゃぐ態度は慎みましょう。時期を見てじっくり取り組むことをお勧めします。

2　まだまだ少数派、女性係長の納得仕事術

二〇二〇年一二月、第五次男女参画基本計画が策定されました。二〇〇三年に政府が掲げた「社会のあらゆる分野において、二〇二〇年までに指導的地位に女性が占める割合が、少なくとも三〇%程度」との目標は、残念ながら達成されていません。

政治・経済分野などで遅れが見られ、衆議院の女性議員の割合は一割を割り込んでいます。また自治体においても、市町村のデータで見ると、本庁課長に占める女性の割合は一七・八%に留まっています。

管理職に準じる監督的立場にある係長の状況を見ても、女性係長は増えてきているとはいえ、依然として少数派なのではないでしょうか。そうした中、全国の自治体では、女性係長が厳しい状況の中で頑張っています。

「女性係長」と表記した時点で、性差を強調し過ぎているとお叱りを受けるかもしれません。しかし、現実問題として、女性であることによるデメリットや男性には分からない苦労・苦心があることもまた事実です。女性係長にエールを送る意味でこの表現を使わせていただきます。

「らしさ」を意識しない・させない

さっそく、ある自治体で奮闘するある女性係長、Tさんの仕事のノウハウを見ていきたいと思います。

Tさんが新任係長として異動した部署には、それまで女性の係長がいたことはありませんでした。初めての女性係長に対して、受け入れる職員の側はどう接したらいいのか分からない、表には出さなくても微妙な緊張感がありました。Tさんもそのことをひしひしと感じていたそうです。

Tさんは「女性初めての○○」という言い方が大嫌いです。この言葉は女性の新たな到達点と賛美しているようで、実は女性を見下す意識が隠れていると感じられるからです。ですから、新しい職場でも、できるだけ「女性らしさ」を意識せず、また職員にも上司にも意識させないように心掛けたと言います。

では、らしさを意識しない・させないとは、具体的にはどうすることなのでしょうか。例えば、男性職員が係長のところに業務上の報告に来たとしましょう。職員には明らかに戸惑いが感じられました。新しい係長だからという以上に、女性の係長にどう話せばいいのかほとんど経験がなくて困っている様子です。が、Tさんはそんなことには委細構わず、普段通りに接します。職員の戸惑いをあえて無視したということです。

なぜでしょう。係長の側が職員の戸惑いを受け入れて意識してしまうと、その意識が今度は職員に伝わってしまい、両者の間に「らしさ」の壁が自動的にでき上がってしまうからです。いったんでき上がった「らしさ」の壁は、おいそれと崩すことができません。だからこそ、Tさんは自分から男女の壁を作らないように注意を払っていたのです。

「らしさ」を意識しないように日々を過ごすことを実践するのはなかなか難しいことですが、職員と自然体で接することに尽きます。相手の過剰な意識をあえて無視して受け流すことがポイントです。

◎「女性初の〇〇」は実は女性を見下した表現
◎「らしさ」の意識は伝染し、壁を作ってしまう
◎女性・男性の「らしさ」を意識させないように接しよう
◎相手の意識を受け流し、自然体で職員に接しよう

面倒を見ないことも気配りのひとつ

また、女性だから気配りができるという「女性神話」にも注意を払う必要があります。「女性だから……」という表現は曲者です。男性の側は女性に気配りを無意識に求めてしまうと同時に、女性の側もそうすべきだと考えてしまいます。しかし、これは明らかに誤解、というより性差の間違った押しつけです。気配りは男女の別なく時と場合によって求められるものです。むしろ、女性係長が自分の行動規範として気配りをすべきだと思い込んでしまうと逆効果になりかねません。あまりに頻繁に職員に声掛けをしたり、世話を焼きすぎたり、プライベートに口を挟んだりすることは、たいていの場合、職員にとってはありがた迷惑でしかないのです。

Tさんが強調していたのは、あえて気配りをしない、職員の面倒を見ないことの重要性でした。気を配らないことが結果として、係全体への配慮につながるという意味だと思います。

こうしたやり方がある一方で、面倒見の良さを武器に職場での信頼を勝ち取る事例もあります。特に、Tさんより上の世代、管理職として働く女性職員の先駆者たちです。現在、自治体で部長や課長を任されている女性職員は、長い期間、おそらく「紅一点」の存在として男社会の荒波を自力で乗り越えてきた方々ではないでしょうか。

そうした方々は、良い悪いは別にして、行く先々の部署で、姉御キャラやお母さん役を演じながら、男性中心の職場環境の中で女性管理職の地位を確立していったのではないかと推察されます。男性職員が求める女性職員像の理想型に自分を合わせることで生き抜いてきたと言い換えることもできるでしょう。

確かに、職場に姉御キャラやお母さん役の職員がいれば、頼りになる存在であり、職場の人間関係は良好に保たれます。ただし、これは女性に限った話ではなく、男性職員が兄貴キャラでも親分役でも、また「お母さん役」であってもいいわけで、女性職員として必須の条件にはなりません。先駆者には先駆者の苦労があって、フロントランナーとして「女性らしさ」を逆手に取る戦略を実践した側面もあったでしょう。ですから、これからの自治体女性職員が先駆者と同じ行動パターンを採用する必然性はまったくありません(参考にするのは重要ですが……)。

女性監督者が今後増えるにつれて、面倒見の良い姉御キャラを無理して演じる必要がなくなり、一人ひとりが自分らしさを率直に出せる職場になることが望ましい姿なのです。

◎「女性＝気配り」は女性神話に過ぎない
◎あえて気配りしない、面倒を見ないことも必要だと心得よう
◎男性職員が気配り役であっていい
◎女性らしさ・男性らしさではなく、自分らしさを出そう

最大の武器は笑顔

「女性神話」のひとつに、女性職員は感情的だというものがあります。完全に男性目線の偏見ですが、Tさんは自戒の念も込めて、感情のコントロールの重要性についても強調していました。

あえて表現すれば、職場での感情の爆発は、男性の場合は大声で職員を罵倒する、女性の場合はヒステリックに職員を締め上げる形で噴出します。つまり、女性だけが感情的なのではないのです。ところが、男性目線で見た場合、甲高い声で叱責されると神経を逆なでされて記憶に残りやすく、そうした経験が積もり積もって、女性職員は感情的だという誤解が生まれてしまっているのです。

いずれにしても、職場で感情的に反応するのは百害あって一利なし。感情をぶつけたほうもぶつけられたほうも、気持ちのわだかまりを抱え込んで身動きがとれなくなります。

男女を問わず、感情に流されない対応が不可欠です。では、職場において「感情的になる」の反対語は何でしょう。それは、「無表情」ではなく、「笑顔になる」が正解ではないでしょうか。感情が爆発しそうになったら、とにかく引きつってでもいいから笑顔を作ってみましょう。そうすれば、最悪の事態を回避することができるはずです。

とはいっても、笑顔になるのは、とても難しいことです。ある係長は、鏡の前で笑顔の練習をすると言っていました。口角の上がり具合や目元の感じをチェックして自分らしい表情を作るのだそうです。こうした所作は女性のほうが慣れていて一日の長があるように感じます。男性職員の奮起を期待します。

そこで気づいたことがあります。職場を上手にまとめて仕事をこなす女性係長や女性課長に共通することがあるのです。それはみんな笑顔が素敵だということです。百戦錬磨の彼女たちの笑顔は不自然な作り笑いではありません。紆余曲折はあったでしょうが、経験によって磨かれた素晴らしい笑顔です。

男女問わず、笑顔こそが最大の武器だと言えるのではないでしょうか。

係長スイッチ OFF ON

◎「女性職員＝感情的」は男性目線の偏見に過ぎない
◎男女に限らず感情のコントロールが重要
◎「感情的」の反対語は、無表情ではなく笑顔
◎笑顔が最悪の事態を回避する、笑顔は最大の武器

女性活躍と見えないガラスの天井

そんな女性係長の行く手に待つのが「ガラスの天井」です。

東京都庁を例に挙げます。都庁は女性管理職の割合が行政機関では屈指と言われています。女性係長はもとより、女性管理職なんて珍しくも何ともありません。そんな都庁にも、残念ながら「ガラスの天井」は存在しています。女性がどんなに頑張ってもそこには透明で見えないガラスの天井がある。それは本庁部長に昇格する手前と、もっと分厚い天井が局長になる手前にもう一枚……。（都庁の場合、管理職は、局長－部長－課長の三層構造になっています。）

「ガラスの天井」の様子は、例えば都議会本会議場のひな壇を俯瞰すれば一目瞭然です。都議会議事堂の本会議場正面に向かって右側に、知事以下副知事、局長等の席が壇上に配置されています。いわば都庁トップ30の特等席です。

が、そこは「おじさんたちの花園」であって、女性幹部はせいぜいひとりかふたり、過去は全員男性という時代が長く続いていました。つまり、女性管理職は部長級までは昇任したとしても、局長にはほとんど手が届かないことを示しています。

女性差別と取るか実力主義の結果と取るか、意見は分かれます。双方に言い分はあるでしょう。いずれにしても、高い女性管理職率を誇るような都庁でも、これが現実なのです。

では、割合や人数を定めて女性管理職を局長に昇格させれば事足れりかというと、実際はそう単純ではありません。特例的に女性を抜擢してもうまく機能するとは限りません。女性の場合に限らず、抜擢人事は多くの場合、失敗します。なぜ失敗するのか。周囲のやっかみや本人の空回りなども一因でしょうが、一番大きな要因は、組織を束ねるために求められる能力の質と量が、係長と課長、課長と部長とでは異なっており、そのことに本人が気づくかどうか、適応できるかどうかの問題だと私は考えています。実力の伴わない抜擢はまったくの逆効果であり、本人にとっても組織にとっても不幸を生じさせることにしかなりません。

意図的に下駄を履かせなくても、実力を備えた女性管理職は徐々に増えています。「ガラスの天井」が単なる幻想だったことが証明される日も近いでしょう。男女の別なく、実力を磨いてポストにふさわしい人材に成長していくことが、自治体職員にとって何より大切なことなのです。

係長スイッチ OFF ON

◎女性係長の先には「ガラスの天井」が待っている
◎抜擢人事の多くは失敗する
◎「ガラスの天井」が幻想だったことが証明される日も近い
◎実力を磨いてポストにふさわしい人材に成長しよう

第4章　新米係長の悩みごとに変化球アドバイス

パッ！

職場での悩みは、古今東西、尽きることがありません。中でも上司・同僚・部下を巡る人間関係の困りごとは誰もが抱いているものです。しかも、なかなか人には聞けずに人知れず抱え込んでいる場合が多いのではないでしょうか。

第4章では、人生相談のQ＆A形式を借りて代表的な質問にお答えしていきます。解答によってすべてが解決されるわけではありませんが、係長として活かすことのできるノウハウがきっと見つかるはずです。是非、明日からの業務で活用してみてください。

① パワハラ系課長とどう付き合うか

相談：課長がパワハラ系で困っています。業務の相談をしても「そんなことぐらい自分で考えろ、忙しいんだ。」と逆切れされてしまいます。私はまだいいほうで、異動してきたばかりの職員は業務に不慣れな点を叱責され、その怒鳴り声は職場中に響き渡っています。でも、誰も何も言わず何もなかったかのように仕事をしています。どうすればいいでしょうか。（三十代主任）

ハラスメントの中でも、最も古く広範囲に蔓延しているのが、パワハラです。これまでの公務員人生で誰もがパワハラに遭遇した経験を持っていると思います。直接の上司からではなくとも、隣の部署から怒声が聞こえてきたとか、パワハラでメンタルになった職員が出た噂話を聞いたことなどは必ずあるでしょう。

「だめ、パワハラ！」といくら訴えても、パワハラが一向になくならないのにはそれなりの訳があります。パワハラが個々人の特性に根ざしているからです。

パワハラを起こしやすい、いわゆるパワハラ系の職員はふたつに大別できます。ひとつは、自分の無能さやコミュニケーション力のなさ、組織管理力の低さを取り繕うために怒るしか能のないタイプ。仕事が行き詰まったり、自分の間違った指示のせいで職場が混乱しても、自分は悪くない、職員が悪いと責任回避をするタイプです。

この手のタイプには、一職員としては、馬耳東風を決め込み、説教や罵声を受け流すのが得策ではありますが、係長の立場としては、職員をパワハラから守らなければなりません。被害者の職員と一緒に上司の話を聞くなど、職員を孤立させないように注意を払う必要があります。もちろん、課長の上司への報告やしかるべき窓口への相談も忘れないように注意しましょう。

パワハラ系タイプ2は、部下に求める水準が高すぎて、あるいは自分の高い能力に部下がついて来られないことに我慢できずに怒ってしまうタイプです。本人は仕事ができるので、上司の受けはすこぶる良い。上司は常に「できる」部下を求めているからです。このため、タイプ2のパワハラはうやむやにされることが多いように感じます。タイプ1と同様、係長は職員の防波堤となるよう行動するとともに、個人ではなく係として上司と理詰めで話し合う機会を設けることも重要になってきます。

いずれのタイプでも、パワハラのターゲットは立場の弱い職員に向けられがちです。特定の職員に集中する傾向も見られます。係長は職員と上司の間に割って入る覚悟を持たなくてはいけません。職員へのパワハラを見て見ぬふりをしたり、パワハラを助長するようなことがあっては絶対にいけません。職員の楯となる覚悟を持って、パワハラの被害低減と防止に取り組む必要があります。

残念ながらパワハラは、ちょっとやそっとの注意や自省で治るものではありません。パワハラ系はいつまでたってもパワハラ系のままです。ほとんど救いのないことを言ってしまいましたが、私の経験則上はそうなのです。

ただし、何もせずに放置すれば、犠牲者が次々に生まれ、組織に与える被害も甚大です。パワハラ系職員にはアンガー・マネジメント研修の受講を必須にし、被害者用の駆け込み寺的な仕組みを導入するなど、役所挙げての取組みが求められます。こうした研修は今後は全職員に必須な科目になってくるでしょう。

以下は私自身の自戒を込めて述べます。恒常的なパワハラの他に、単発のパワハラというのもあります。温厚な上司が何の前触れもなくいきなり切れたなどというケースです。この「ぶち切れ」はフラストレーション・タンクが満杯になり、最後の一滴が注がれて溢れ出す瞬間に突然発生するものです。往々にしてその瞬間は、弱い立場の職員が相手の時に訪れます。

私も現役時代、何度か満タン溢れ出し系のぶち切れを部下に対してやってしまったことがあります。ぶち切れた直後のばつの悪さは言い表しようがありません。ぶち切れた相手には、時間を空けて済まなかったとわびますが、未熟さへの後悔がずっと後を引きます。人は自分の醜い姿を客観視できた時に初めて反省するものなのかもしれません。

相談のケースはタイプ1のように見受けられます。パワハラの対象者を孤立させずに、係長を先頭に職員全員で上司の包囲網を作ることが有効です。

係長スイッチ OFF ON

◎ パワハラ系職員には二種類ある
◎ パワハラは立場の弱い職員に向けられる傾向がある
◎ 係長は職員の防波堤となる覚悟が必要
◎ 根本的には役所を挙げての取組みが求められる

② 職員が帰るまでつい残ってしまう、仕事が山積みで定時退社ができない

相談：残業をせず定時で帰ることを肝に銘じて仕事をしていますが、職員の手前、なかなか定時で切り上げる勇気が出ません。結局ダラダラと残る日々を送っています。さっと帰る方法を教えてください。（四十代係長）

相談：上司からは係長が率先して帰らなければいけないと指示されています。しかし、仕事が山積みで処理が追いつかず、残業せざるを得ません。良い解決方法はないでしょうか。（三十代係長）

監督者として率先して早く帰ろう、とはよく耳にするスローガンです。一方で、上司が帰らなければ部下は帰れない、という声もよく聞きます。ワーク・ライフ・バランスが推奨される今、誰も好き好んで残業をしているわけではありません。（中には、特定の職員による残業代目当ての「偽装残業」も見受けられますが、それは別の問題として……。）頭では分かってい

ても実際に行おうとすると困難に直面するこの問題を取り上げます。

「とっとと帰ろう・でも帰れない」問題には二つの側面があります。

第一の側面は、自分だけが先に帰ることへの心理的な抵抗感の問題です。係長は前述したように「中間」者ですから、上下それぞれへの配慮がどうしても働きます。まず課長に対しては、課長より先に帰ると仕事に積極的でないと評価されるのではないかとビビってしまう。そして職員に対しては、まだ仕事が終わっていない職員を差し置いて監督者の自分がさっさと帰っては申し訳がない、あるいは、「係長はいいよな。」と陰口をたたかれるのではないかと心配になってしまう。

「係長あるある」の典型ですが、こうした心理の根底には、職場に長時間いることに価値があるという思い込みが横たわっています。職場にいないとひとり取り残されてしまうような感覚は簡単には払拭できません。しかし、極端な言い方をすると、係長がいなくても、ある程度業務は回っていくのです。それくらいの割り切りを持つべきです。

自分がいなければ、ではなくて、「今日は帰って明日に備える」姿勢を上司にも職員にも態度で示しましょう。そうすれば、課長にも職員にも気兼ねすることなく、「お先にっ。」と明るく声をかけて帰宅の途につけるのではないでしょうか。定時退庁は係長のふん切りにかかっています。

もうひとつの側面は、帰りたくても仕事が山積みで帰れないという問題です。定時退社やワーク・ライフ・バランスの推進は、ともすれば業務量を考慮せずに、一種のブームのように、できて当然といった口調で語られることが多いようですが、仕事が山積している現状をクリアしなければ、暇な職員、暇な職場だけが定時退庁するというアンバランスで不公平な事態に陥ってしまいます。これでは、ワーク・ライフ・バランスは絵に描いた餅に終わるでしょう。

係長のハードワークをどう解消するかとセットで考えて、はじめて「とっとと帰ろう・でも帰れない」問題は解決の糸口を見出せます。増え続ける仕事のさばき方に決定的な妙案は残念ながらありません。ただ、ひとつ言えることは、「困難はひとりで抱え込まず分散する」ことです。つまりは仕事を他人に押しつければいいのかと誤解されそうですが、そうではありません。

係長自身のがんばりや優先順位をつけた業務処理に努めるのは当然ですが、それでも回らないときは、係内の分担を見直すなど、係全体で困難の分散にトライすることが必要になってきます。裏返せば、職員一人ひとりが抱える困難に対しても係全体で分散する方向を示すということです。

また、係長は立場上なかなか弱音が吐きにくいでしょうが、思い切って係長からヘルプ・コールを発することも、場合によってはアリなのです。職員に自分の状況を伝えるだけでも、心理的な重荷が軽減される効果が期待できます。

◎先に帰ることへの心理的抵抗感を払拭しよう

◎係長がいなくても業務は回ると割り切ろう

◎仕事の山積は、係内で困難を分散させて対応しよう

◎時には弱音を吐いて心理的な重荷を軽減しよう

③ 新人職員は宇宙人？

相談：係に新卒の職員が配属されました。自分の子供ほどの年齢です。何を話しかけても生返事しか返ってきません。いったい何を考えているのかさっぱりです。他の職員に聞くと「係長だって若いころはそうだったんじゃないですか」などと一笑に付されてしまいました。係長として、新人職員にどう対応すればいいでしょうか。何か妙案はありますか。（四十代係長）

「今度入ってきた新人、何を考えているのかさっぱり分からない。」そんな中堅職員の声をよく聞きます。係長としては、自分には関係ないと新人職員を視界から外すわけにはいきません。なんとか意思の疎通を図ろうと、声を掛けたり雑談をしたりいろいろ努力をします。

それでも、うまくいかない。心を開いてくれない。とにかく、若い世代の職員は自分の内面を出そうとせず、人との距離を保ちたがる傾向にあります。そして、自分から他人に合わせることを嫌う人が多いと感じます。

ただ、よく考えると、自分が若い時も当時の係長や中堅職員から、理解不能のレッテルを貼られていたように感じます。世代間のコミュニケーション・ギャップはいつの時代にもありました。今の若手職員だけが特別なのではありません。ましてや宇宙人ではありません。このことをまず基本に置く必要があります。

その上で、どう対応するか。ある係長の対処法を一例として紹介します。

若手職員に対処して世代間ギャップを感じた時は、とにかく様子見だと言います。焦って若手職員と緊密なコミュニケーションをとろうとしたり、若手職員を自分の思った通りに動かそうとしないことが重要だということです。

会話は一往復が基本。普段から一往復で済む会話を心掛け、二往復になったらラッキーというくらいの軽い気持ちで臨むこと。あえて長話には持っていかず、せいぜい二往復で切り上げます。職員がトラブルに遭遇したり仕事で失敗した時に、少しだけ話しかけること、いきなり踏み込んではいけません。そして若手職員のほうから話をさせること、話しやすい雰囲気をつくることです。

人から自分の世界を干渉されることを嫌う傾向にある若手職員ですが、だからといって、まったくの没交渉を望んでいるのかというと、そうとも言い切れません。彼らも周りから完全に無視されるのはイヤなのです。ですから、「係長は、自分に関心がない。」と若手職員に思わせてはいけません。

話しかけるなと言ってみたり、無視するなと言ってみたり、いったいどっちなんだよ、と怒られそうですが、若手職員に対しては、いつでも会話の扉を開けて待っている状態を保つことが大切です。

若手職員には、大きくふたつのタイプがあります。自分の世界に踏み込んでほしくないタイプと、褒めてほしい・話を聞いてほしいタイプの二つです。どちらのタイプも過度の干渉はNGです。会話のタイミングや回数を調整しながら、職員との距離を縮めていきましょう。若手職員の多くは、彼らなりに一生懸命に業務に取り組んでいます。係長はその真面目さを率直に受け入れ、少し長い目で静かに見守る姿勢を是非、実践してみてください。

若手職員の特徴として、プレゼンが比較的得意だという点が挙げられます。中堅以上の職員と違い、学校などでプレゼンをする機会が多かったせいか、たいへん手慣れている感じがします。業務報告や研修報告など、係内や課内でプレゼンの場を設定し、若手職員に発表してもらうのは、彼らにとって能力発揮の絶好の機会になります。

係長にとっては､彼らの日頃知ることのできない一面を把握することにもなります。ただし、プレゼンが上手な職員が仕事もできるとは限りませんので、その点は混同しないように注意しましょう。

係長スイッチ

◎若手職員に対しては、様子見から始めよう

◎相手が心を開かないからといって没交渉は厳禁

◎一往復で済む会話を心掛けよう

◎過度の干渉を避け、長い目で見守ろう

◎プレゼンの場など能力発揮の機会を設けてあげよう

④ 女性が多数の職場でどうしたらいいか

相談：ハード系の職場で長く経験を積んできましたが、このたび、まったく未経験の、それも女性中心の職場に異動しました。これまでは、むさ苦しい男性職場の典型のような環境でしたから、ギャップにたいへん戸惑っています。これまで通りでいいんだと自分に言い聞かせていますが、不安は消えません。何か女性職場での注意点などありましたらご教授ください。（四十代係長）

男女の別を職場の問題に絡めて持ち出すのはおかしいとは思いますが、「今度の職場が女性職員だらけで、どうしたらいいか戸惑っている。」という男性職員の悩みを耳にすることが少なからずあるのも事実です。そこで、男性目線になることは重々承知の上で、「女性職場」での対応について少し触れたいと思います。

私の初めての職場は保健所でした。しかも予防課という保健婦（三十年前にはまだ保健師の呼称ではありませんでした。）が主体の職場、加えて予防課長は女医さんでした。つまり二十代の若手男性職員がいきなり「女の園」に入れられたような状態で、相当にドギマギしたことを覚えています。

新人の保健婦も配属され、私の視線はどうしてもその保健婦に行きがちになりました。しかし、これがいけなかった。隣の課のベテラン男性職員から、こっそりお叱りを受けました、「ここではえこひいきは絶対にダメだよ。」と。

平等の扱いはなにも女性に限ったことではありませんが、女性職場では特に注意を払う必要があるという助言だったと思います。保健所では、このほかにも中高年の女性職員とのコミュニケーションについて多くのことを学びました。

閑話休題。

男女の差が如実に現れるのが、ランチタイムに対する思い入れの深さ、そして終業時刻に対する過敏さです。

まず、ランチタイムについて。

昼休み、自席で仮眠をとるおじさん職員の姿をよく目にします。一方、女性の多くは、正午前になると、シガラミだらけの職場を一刻も早く離れて、美味しいお店に知り合いと出かけたいとうずうずしています。ランチタイムの開放感こそが最大のリフレッシュなのですから。それぐらい、ランチタイムを巡っては男と女の間に深くて暗い川が流れているのではないでしょうか。

ですから、女性職員からこんな相談を受けることにもなるのです。

「私の職場では打ち合わせや会議が正午を回っても続くことが何度もあって、貴重な時間が削られ、事前に予約したお店を泣く泣くキャンセルなんてことがありました。意を決して上司に『お昼前に終わらせてください』と訴えたこともありますが、仕事とランチ、どっちが大事だと思っているんだと逆に怒られました。どっちも大切だから時間を守りましょうという理屈がまったく通じないのです。」

この女性職員の悩みは深刻です。でも、男性職員にとっては、この深刻さの度合いがあまりピンときません。

係長は、この温度差をくみ取る必要があります。女性職場であればなおさらです。時間厳守の徹底を図り、ランチタイムの自由を職員全員が確保できるように配慮することも、係長の役目だと心得るべきでしょう。

さて、時間厳守は、もうひとつの終業時刻問題にも共通しています。共働きが当たり前の自治体職員の世界でも、家事・育児の分担は依然として女性に大きく偏っています。毎日繰り返される夕食の支度や保育園へのお迎えのプレッシャーは、男性職員には到底想像できないほどだと思います。

終業時刻ジャストでなくても、帰宅のタイムリミットは各自の中で設定されています。そんな職員たちに対して、午後五時前後になって、新しい仕事を前触れもなく頼むのは極力避けなければなりません。

係長は、職員一人ひとりの置かれた状況を把握した上で、時間管理をする必要があります。また、場合によっては、課長からの無茶ぶりに対して職員を守る立場に立たされることも覚悟する必要があるでしょう。

また、相談者の男性係長は過度に女性職場を意識しているようですが、男女の区別というより、様々なタイプの職員に対する気配り・気遣いが強く求められていることを自覚する必要があるでしょう。

係長スイッチ OFF ON

◎男女の別はないが、平等の扱いが大切と心得よう
◎ランチタイムの重要性を意識しよう
◎昼休みや終業時刻など、時間厳守の姿勢を示そう
◎終業時刻直前の業務の依頼は避けよう

⑤ お酒が飲めない悩みは過去の遺物？

相談：今さら人に言ってどうなるものでもありませんが、私は下戸です。アルコール類は一滴も飲めません。そのせいでいろいろな職場で肩身の狭い思いをしてきました。今度、昇任で係長として新しい職場に異動します。聞けば、そこの課長が無類の酒好きだそうで飲み会の頻度が半端ないそうです。どのように対処したらいいでしょうか。（三十代係長）

いまどき、お酒が飲めないことで不利益を被る自治体職員がいるのでしょうか。令和の時代、それも新型コロナを経験した現在、アルコールがダメだから公務員人生に支障が出るとか、大人数で集まってワイワイやらないと職場の一体感が保てないなどといったことはまずありません。

と言い切りたいところですが、今でも一部には、酒が人間関係の潤滑油として重視される職場は残っています。強いて挙げれば、男性職場、中高年の職員が中心、現場を抱えている……そんな職場ではないでしょうか。

では、酒席を重んじる習慣が残る職場にお酒が苦手な係長が異動した場合、どう対応すればいいでしょう。飲めない体質であることを事前に告知しておけば、インフォーマルな酒の席についてはそれで大丈夫だと思います。

ただし、「今度の係長は付き合いの悪いヤツだ」とレッテルを貼られることは覚悟しなければなりません。特に上司がお酒派の場合、第一印象はイマイチです。こうした溝を埋めるには、お酒に代わる別の手段で関係性を密にする必要があります。例えば、仕事中などの雑談の回数を意識的に増やすだけでも、上司との距離は縮まるでしょう。

さて問題は、課または係全体がお酒中心に回っているにもかかわらず、実は多くの職員はそのことを良く思っていない職場で、係長や課長の酒宴好きに仕方なく付き合わされているといったケースです。

お酒が苦手な係長の異動は、まさにビッグチャンスです。お酒に頼らないコミュニケーションのあり方を試し、職場の風土を変えるきっかけになるかもしれません。少人数での会話の機会を設定したり、昼休み時間を有効に活用するなど、職員の負担感をできるだけ軽減する方法を試行してみてはいかがでしょうか。

かく言う私はほぼ下戸です。ビールを二口飲むと真っ赤になり、それ以上だと吐き気が襲ってくるレベルです。それでも三十数年間、酒を飲めなくてもなんとかやってきました。若い時分は上司にいやな顔のひとつもされましたし、酒の無理強いも皆無ではありませんでした。

それでも時代が進むにつれて、事前に飲めないことを宣言すれば、許してもらえる環境に変化していきました。私自身、宴席には積極的に参加し、馬鹿話を大声で話し、割り勘には素直に応じてきました。

基本、一次会で終了とし、二次会にはよほどのことがない限り行かない主義です。二次会以降は、もっぱら酔っ払いの世界だと割り切って捉えています。少々トゲのある物言いに聞こえるかもしれませんが、もっと楽しみたい人がお酒仲間と楽しむことには口を挟まない一方で、他人を巻き込むのはＮＧだと考えているからです。

◎酒が飲めないことはマイナスにはならない
◎事前に告知し、酒に頼らないコミュニケーションを試そう
◎二次会には行かないと決めるのも一案

⑥ ジェネラリストかスペシャリストか

相談：現在、係長三年目です。新しい業務にも慣れ、職員ともそこそこ良好なコミュニケーションを保っています。悩みごとは、これから進むべき道についてです。自分自身のキャリアデザインを考えると、このまま、今の仕事を自分の専門分野にしてその道のプロを目指すべきか、それとも、仕事の幅を広げてもっと違う部署での経験も積んでジェネラリストを目指すべきか、悩みは尽きません。考えるヒントをください。（三十代係長）

係長の思い描くキャリアデザインについて考えてみます。目の前の仕事に全力で取り組んでいても、ふと、この先、自分はどの道を進んでいくのか、考えてしまうことがあるのではないでしょうか。

自治体職員の進路問題として、ジェネラリストとなるかスペシャリストとなるかの問題は、究極の二者択一問題としてはるか昔から議論が交わされてきました。一定の部署に長年在籍することで専門性は培われる一方で、組織の停滞を招くなどのデメリットも指摘され、昇任試験制度の導入と同時に他の部署への異動を組み入れる自治体も多くなっています。

東京都の場合、組織の停滞・人事の停滞を打破するため、三十年以上前に主任試験制度を導入し、主任試験合格者は自動的に他局に異動することになりました。ところが、今度は、頻繁な異動により専門性を有した職員が育ちにくいという弊害が表面化してしまいました。

そこで、異動を前提とした主任制度は堅持したまま、個々人のキャリアデザインの中で本人の希望を重視した人事異動に舵を切って現在に至っています。つまり、組織としてジェネラリスト育成とスペシャリスト育成の間を揺れ動いているのが実情なのです。

現在、ジェネラリストという言葉がまだ生きているのか分かりませんが、実体験に則して言い換えれば、オールラウンドプレーヤーということだと思います。本来は、広く行政全般に精通していてどんなポストをやらせてもそつなく対応できる職員という程度の意味でした。

しかし、今の役所では、困難な場面に直面しても文句ひとつ言わず仕事をこなすヤツ、使い減りのしないタフなヤツという、都合のいい付加価値が付けられて使用されているようにも感じます。

人事の立場からすれば、組織にとって使い勝手のいい人材は当然、重宝がられます。困難職場に投入しても潰れずに、一定の成果を上げてくれる頼もしい職員ですから、一目も二目も置かれます。

しかしその一方で、そんなことばかりしていては専門家が育たないという声もよく耳にします。特に、係長の場合、専門性を重視する傾向があるにもかかわらず、短期間での異動、しかも本人の希望やキャリアデザインを無視したように未経験の部署ばかりを回されれば、専門性に磨きをかける余裕はなくなってしまいます。

こうして考えると、ジェネラリストかスペシャリストかは、係長自身の選択では収まりきれない問題だといえそうです。本人の意向や特性に加え、組織人事上の要請やその時々の行政課題の動向が大きく作用して、その結果、なんとなくあの人はジェネラリストだとかスペシャリストだと呼ばれているにすぎないのではないでしょうか。

こうした状況を前提にして結論的に申し上げれば、自治体職員としてジェネラリストかスペシャリストかを問うてもあまり意味がないように思います。職員には当然、ある程度の専門性は必要です。例えば、福祉の分野に長く携わってきたとか、まちづくりの仕事の経験が多くある、つまり土地勘があるといった程度の意味においてです。

自分はどちらを選ぶべきかで悩むより、むしろ、自分が属する「自治体のスペシャリスト」を目指すべきです。「自治体のスペシャリスト」とは聞き慣れない表現ですが、その役所の全体像を把握していて、大所高所からの質問にも個別具体的な質問にも外さずに答えられる見識の広さを備えている人材、どんな部署に異動しても、地域のこと、住民のことを最優先に考えて業務に邁進できる人材のことだと私は考えています。

ジェネラリストかスペシャリストかの二者択一議論にあまり拘泥せず、その自治体のスペシャリストになって地域の課題に取り組んでいくと目標を定めることが一番重要なのではないか。これが私の結論です。

係長スイッチ

◎ジェネラリストかスペシャリストかは昔からの問題

◎人事制度も両者の間を揺れ動いている

◎二者択一ではなく、自分が勤務する「自治体のスペシャリスト」を目指して、地域の課題に取り組もう

自治体職員が備えるべき人間の魅力

Q&A形式でお示ししたスキルやノウハウに加え、自治体職員に求められるのは、人間としての魅力です。二十代、三十代、四十代と、自治体職員として年を重ねるにつれて、自身に対する周囲の評価基準が少しずつ変わってきているように感じることはありませんか。単に仕事ができるか否かの評価に止まらず、人間としての魅力を備えているかどうかが問われてくるという意味です。

自治体という人間の集合体の中にあって、最終的に高い評価を得るのは、職位の高さや仕事ができる・できないではなく、人として魅力的かどうかということなのではないか。物差しそのものが年齢や経験を積む間に変化していくのです。

あの人は人間ができている、懐が深い人物だ、あるいは、人として惹かれる何かがあるといった言い方で表現されることもあります。でも、この「人としての魅力」というものは、とにかくつかみ所がありません。第一、努力して体得できるものなのかどうかも判然としません。しかし、自治体職員として働く上で、この「人としての魅力」は避けて通ることはできないのです。

ここでは、自治体職員が備えるべき人間力、言い換えれば、「大人の職員」について解説します。

そして、その磨き方についても探っていきます。

大人の職員（係長）に求められる四つの要素

魅力的な大人の職員が備えるべき要素はズバリ四つです。人間の大きさ、ユーモア感覚、幅広い教養、そして美的センスです。なにやら自治体職員とは無関係な事項も含まれているようですが、一つひとつ見ていきましょう。

人間の大きさは、度量の広さや包容力などとも表現されます。仕事に即していえば、緊急事態に直面してもあたふたしない、上司の指示にムキになって突っかからない、職員の不平不満をしっかり受け止める、他人の意見をじっくり聞き自分の考えをマイルドに主張する、そんな係長像が見えてきます。

人間の本性は困難な場面でより鮮明に現れます。トラブル処理に沈着冷静に対応する係長の姿は、職員に頼もしい係長のイメージを与えるでしょう。課長の無茶ぶりにひるまない係長の姿は職員に信頼感を与えるでしょう。とはいえ、人間の大きさは一朝一夕に習得できるものではありません。日頃から精神状態をフラットにして、何が飛んできても受け止められるように心掛ける必要があります。

次にユーモア感覚です。

ユーモア・笑いの効用は解毒作用です。つまり、その場の雰囲気を一変させ、緊張を解き放ち、硬直した頭脳を目覚めさせる効果があります。係のミーティングや課長への説明などの場で煮詰まったときなど、係長が適度なユーモアを発揮できれば、リラックスした雰囲気が生まれ、業務の効率も確実に上がります。

ユーモア感覚を磨くのに手本となるのは、お笑い芸人の掛け合いです。視点をちょっとだけずらす、自分が道化になって笑いを取る、絶妙な突っ込みのタイミングなど、彼らから学べるノウハウは数多くあります。ただし、くれぐれも職場でのふざけすぎには注意しましょう。大声で笑うこともほどほどに、あくまでも大人のユーモア感覚ですから。

三つ目は幅広い教養です。

ここで言う教養は、学校で学んだこと、学問的な素養とは若干違います。また、特定の分野のやたらに細かい知識とも異なります。いわゆるオタク的な教養は雑談のネタには打ってつけですが、大人の教養とは言えないでしょう。

では、大人の職員が備えるべき教養とは何でしょう。硬い表現では、人生観、歴史観、社会のあり方に関する見識です。小難しい感じはしますが、要は仕事を離れて日本の置かれた状況や世界情勢を俯瞰する視点を持つということです。

そんなことが係長の業務や自治体職員に必要なのかと思われるかもしれませんが、これは大ありです。自治体の存在自体が日本や世界につながっているわけですから、自分の仕事だけに関心を持っていれば済む話ではありません。

煎じ詰めれば、世の中の動き全般にアンテナを張り、日々自らの知見を更新していくことに他なりません。係長時代から教養の滋養に励んでください。

最後に、美的センスをあえて挙げたいと思います。

芸術家でも趣味人でもないのに、なぜ美的センスなのか、教養以上に首をかしげる人も多いでしょう。美的センスとは、換言すれば「ものを見る目」です。もちろん美術品を見る目を養うことも重要ですが、そういう意味よりも、日常的に目に映るすべての事柄に美しさを見出すかどうかということです。

自治体の建造物、職場の空間、各種印刷物や説明資料、そして職員の所作などにもセンスのよし悪しがあるのです。直接、業務の結果には関係しないことも多々ありますが、美的センスを磨くことは決して無駄にはなりません。

教養にせよ美的センスにせよ、人生の幅を広げ、深みを増すことに直結しています。日頃のちょっとしたことですが、大きな書店を目的もなく歩き回ったり、平日の午後、休暇を取って独り美術館で過ごす習慣をつけることをお勧めします。

また、まち歩きも自治体職員にとって大きな糧となります。街並みの変化や行き交う市民の様子を目にするだけでも、地域を見る目を培えます。役所にこもっていては得られない生の情報を得ると同時に、生活空間の美しさや市井の生活の感性を磨くことができます。

こうした一見仕事とは直接関わりのない行為は、必ずや自治体職員としての人生の中で大きな意味を持ってくるでしょう。

◎大人の職員には、四つの要素が求められる
◎人間の大きさ↓日頃から精神状態をフラットに
◎ユーモア感覚↓お笑い芸人に学ぼう
◎幅広い教養↓世の中の動き全般にアンテナを張ろう
◎美的センス↓目に映るすべての事柄に美しさを見出そう
◎まち歩きを通じて地域の様々な情報を得よう

自分の全身像を客観的に観察してみよう

大人の職員になるには、自分の全体像を客観的に見ることが必要になります。抽象的な意味ではなく、言葉通り自分の画像、映像を見て観察することです。鏡に映った自分の顔を眺めるだけではだれもがやったことがあり、物足りません。全身、それも動く姿、しゃべる姿を見ることをお勧めします。

だれもがその気になればユーチューバーになれるご時世、一度、仕事の紹介を行う動画をスマホで撮影してみてはどうでしょうか。できれば立った状態がベターです。そして、自分の動画をじっくり観察してみましょう。

まず、カメラの前に立ち、何かしゃべろうとするだけで、普段通りにはいきません。人によりますが、とても緊張します。さらに撮り終えた動画を見て顔が赤くなるくらい気恥ずかしさを感じます。

と同時に、改めて自分はこんなヤツだったのかと気づかされることが数多くあるはずです。表情の硬さ、姿勢のブレ、身振り手振りの癖、しゃべり方の特徴など、自分の中にあるセルフ・イメージとは随分かけ離れた自分が映っていると感じることでしょう。しかし、他人が見ている自分はその動画に限りなく近いものなのです。

問題はそこから何をくみ取り、何を修正するかです。ユーチューバーのようにオーバーアクションでネアカなキャラに変身する必要はありません。それよりも、自分の特徴は特徴として受け入れた上で、どこを直してどこを伸ばすか、外形を変えれば中身もそれにつられて変化していくものです。

また、たとえ自画像に修正を加えなくても、人生の半ばで自分の姿を再確認することは重要です。思わぬ発見につながるかもしれません。だまされたと思って、是非一度試してみてください。

係長スイッチ　OFF ON

◎ユーチューバーになったつもりで自分の姿を撮影して観察してみよう
◎セルフ・イメージと他人から見た自分のギャップを実感しよう
◎形を変えれば中身も変わる、新しい発見もあるでしょう

第5章　コロナで明らかになった危機的状況に係長はどう対応すべきか

パッ！

新型コロナウイルスの感染拡大は、社会のあらゆる分野に多大な影響を及ぼしています。自治体も例外ではありません。むしろ、地域に根ざす自治体は次々と難題に直面し、住民に寄り添いながら、未知の事態に対して試行錯誤を重ねています。保健所や医療機関、老人福祉関連の業務に携わり、非常に困難な状況の中で業務に当たった職員の方も多かったことでしょう。

しかし、新型コロナによって突如として危機的な状況が出現したわけではありません。コロナ以前から、人口減少や経済の行き詰まり、地球温暖化の進行、頻発する大規模災害、格差の拡大といった危機は存在していました。

テレワークの普及は以前から提唱されていましたし、デジタル化の動きはコロナとは関係なくすでに始まっていました。コロナはこうした大きな時代の変化を増幅させて私たちに突きつけたと捉えるべきではないでしょうか。

その上で、コロナによって加速したように見える危機的な社会状況を、少し視点を広げて見ていきたいと思います。できるだけ係長の日常業務に即して、心構えや対処方法について述べていきます。

1　デジタル化・ICT化は何のために

令和二年はテレワーク元年と呼ばれています。コロナ対策による自粛要請を契機に、自治体によっては、テレワークの実施に数値目標を掲げて取り組んだところもありました。全国の自治体でどれだけ導入されて定着したのかは、地域ごとの感染状況や自治体のデジタル化・ICT化の進み具合、さらには自治体の本気度などによって差異が生じています。民間に比べると、テレワークの実施率は総じて低水準に止まっているようです。

原因はいくつか考えられます。まず、PC機器やネットワークなどハード面での整備の遅れです。予算面での制約もあるでしょう。次に、自治体の業務が直接的な対人サービスが主流であること、テレワークになじまない業務を抱える職場では導入しようにもできないといった事情があります。さらには、個人情報の取り扱い上、セキュリティの問題をクリアできないといった理由も挙げられます。

こうした遅れの原因は、裏返せば、今後想定されるICTを活用したデジタルな自治体経営、DX（デジタル・トランスフォーメーション）や地域づくりに係る課題そのものとして位置づけることができます。コロナによって図らずもあぶり出された一連の課題を、テレワークに限定せず、ポスト・コロナの地域社会を考える上での問題点として受け止めることがとても重要になってきます。この視点は係長もしっかり認識しておく必要があるでしょう。

さらに重要なのは、デジタル化・ICT化を単に行政の効率性追求のためのものと捉えるべきではないということです。これまでは、どちらかというと行政改革の視点や人材不足の解消など、省力化の視点から取り組まれてきた経緯があります。今後は、こうした視点も持ちながら、人と人の距離を縮め、地域にゆとりや活力をもたらすためのツールとして活用していく必要があります。

これからの自治体の業務は、直接的な対人サービスを基本としつつも、ICTを活用して時間・空間の障害を乗り越え、地域コミュニティの活性化につなげていくべきです。そのためには、高齢者やIT弱者へのフォローを欠かすことができません。人に優しいデジタル化・ICT化が強く求められているのです。

また、デジタル化・ICT化は、大都市部の自治体以上に、周辺部・地方の自治体にとって有利に働く側面を忘れてはいけません。新型コロナを契機に、都市部から離れたライフスタイルが再評価され、距離のデメリットが逆にメリットとして作用する可能性が見えてきたからです。テレワークによる都市部からの移住促進など、新たな地域活性化に向けた新しい戦略が必要になっているのです。

係長スイッチ

◎コロナによって自治体のデジタル化・ＩＣＴ化の遅れが明らかになったことを認識しよう

◎テレワークに限らず、自治体にとってデジタル化・ＩＣＴ化はポスト・コロナの地域社会を考える上で重要

◎人と人との距離、時間・空間を超えるためのツールとして活用しよう

2 緊急事態が日常化した自治体業務

高まる「公助」の重要性

二〇二〇年九月、菅総理大臣が就任直後の会見で、自助・共助・公助を強調したことをみなさんは覚えていますか。発言の趣旨は、みんなでコロナ禍の難局を乗り越えようと言いたかったのでしょうが、私には、国民一人ひとりがもっと頑張ってもらわなければ困る、何でもかんでも政府に頼ってもらっては困る、というように聞こえてなりませんでした。発言のウエイトがどうしても自助や共助のほうに置かれてしまい、公助の部分がないがしろにされていると受け取れたのです。

近年、気候変動による大規模災害が毎年のように発生しています。夏から秋にかけての大豪雨をはじめとして、激甚災害が当たり前のように頻発し、それに加えて、新型コロナの感染拡大が日本列島を襲いました。

今後は、コロナ以外にも未知の感染症への備えを怠ることはできません。すなわち、災害対策と感染症対策を同時に実施しなければならないのです。これは、今まで全国の自治体が経験したことのない非常に厳しい事態と言わざるを得ません。

大規模自然災害と感染症のダブル・パンチに備えるには、これまでにも増して「公助」としての役割を強く意識する必要があります。自治体の本旨は、住民の生命と財産を守り住民福祉を増進させることです。自助・共助を住民にお願いするのはもちろんですが、公助なくして自助・共助なし。住民にとっての最後の砦である「公助」を強化しなければならないのです。

そんなことを言われても一係長の立場でできることは限られると思うかもしれません。しかし、ちょっと待ってください。災害や感染症とはまったく関係のない部署にいたとしても、自治体が非常事態に巻き込まれれば、否応なく全職員が即戦力として動かざるを得なくなります。ですから、これからの自治体職員、なかでも監督者以上の職員は、感染症と自然災害に関する一定程度の知見とノウハウを体得しておく必要があるのです。

係長スイッチ
OFF ON

◎公助なくして自助・共助なし
◎自治体職員として大規模自然災害と感染症のダブル・パンチへの意識を高めよう
◎自然災害と感染症に関する一定程度の知見とノウハウを体得しよう

自治体には災害対応のノウハウが蓄積されていない

現在、自治体にどれだけ災害対応の経験が蓄積されているのか、少々心許なく感じます。一例を上げます。二〇一九年秋の度重なる水害に際して、全国各地の自治体から被災自治体に職員が派遣されました。単に避難所運営に携わるマンパワーだけでなく、廃棄物のプロが派遣された事例もありました。

そこでわかったのは、被災直後に大量発生するがれきや水に漬かった家具類などの、いわゆる災害廃棄物に関して、多くの自治体で経験不足、ノウハウ不足に直面していたという事実です。このため、町のあちこちにゴミの山が積み上がり、その処理に多大な時間と労力を要することになったのです。

災害廃棄物への対応はスピードが命です。住民はとにかく家の中の壊れて使い物にならなくなった家財道具を外に出したい一心で、自宅の前や道路脇にあらゆるゴミを出そうとします。一定の自主的なルールはあるにせよ、廃棄物ごとに分別はされず、廃棄場所も単に空きスペースを見つけて住民が自然発生的に置いているにすぎません。

本来であれば、事前に一次集積場所や仮置き場などを自治体が指定し、さらに、畳、家電、家具、その他不燃物系などに分別し集められるように準備をしておく必要があります。

また、「見せゴミ」といって、分別表示の看板とともにサンプルとなるゴミを置いて、住民を適切に誘導することが非常に有効な対策なのですが、こうしたノウハウを有する自治体は残念ながら少数派です。

災害直後には思わぬ事態も発生します。災害廃棄物に関しては、「勝手ゴミ」の処理に自治体が頭を悩ませたり、水に浸かった畳を重ねて放置したために畳が自然発火してボヤ騒ぎになったり、経験してみないと分からない事案が次々に起こります。

前者の「勝手ゴミ」とは、災害直後のどさくさに紛れて家電リサイクル法の対象となる物品などを勝手に不法投棄していく行為のことを指します。古いパソコンもよく捨てられる物品の一つです。それらがなぜ災害廃棄物ではないと分かるかといえば、泥や水をかぶった痕跡がまったくないからです。

以上は一例に過ぎませんが、災害廃棄物に限らず、避難所の開設・運営についても、やってみて初めて分かる事柄が数多くあるでしょう。事前のシミュレーションや防災訓練だけでは不十分なのです。そうした中、避難所業務に携わったことのある職員が各自治体にいったいどれだけいるのでしょうか。少し心配になります。

毎年、日本のどこかで自然災害は発生しています。自治体間の協力連携を図り、積極的に職員を被災地に派遣することで、被災自治体を助けると同時に、職員に実体験を積ませることもできます。

いずれにしても、もはや災害対応の業務は災害対策部門だけの仕事ではないということです。自治体全体で業務を分担し危機意識を共有しなければ、迅速で適切な対応は不可能です。避難所の設営・運営も含めて、オール自治体で災害に対処する意識を、係長としても持つ必要が高まっているのです。

係長スイッチ OFF ON

◎ 被災自治体への職員派遣が日常化している

◎ 自治体には災害廃棄物をはじめ、災害対応のノウハウがない

◎ 業務分担とは関係なく、全職員が災害対策要員との意識が必要

感染症への認識が甘くなっていた自治体

新型コロナへの対応に当たって、特に保健所を直接所管する自治体では、様々な形で臨時の人的な応援態勢の強化が図られました。保健所への派遣に止まらず、医療機関や高齢者福祉施設との連絡調整の業務などに自治体内での大規模なマンパワーの移動があったものと思われます。まさに自治体は総力を挙げての対応を迫られたのです。

翻って、平成の三十年間、自治体業務の中で感染症対策のウエイトは低下の一途をたどってきました。私は新人職員時代、保健所に二年、保健所を所管する本庁の部署に三年間勤務していました。その頃の感覚からすると、保健所の数は、全国的に見ても統廃合等により半減し、また感染症の所管する部署は縮小を続けてきたように感じます。

国民病といわれた結核の撲滅や劣悪な衛生環境の改善に最前線で奮闘した保健所の位置づけも、母子保健、精神保健、連絡調整機能へと時代とともに変化していきました。この間に、公衆衛生という言葉も死語に近くなり、感染症の専門家も存在感を薄めていきました。

つまり、自治体も住民も感染症の恐ろしさをいつの間にか忘れてしまっていたのです。その間隙を突いて拡大していったのが新型コロナでした。新型コロナで自治体は目を覚まされたといってもいいでしょう。

これからの自治体にとって、大規模災害と感染症対策への事前の備え、事後の体制整備は必要不可欠な要素です。一係長であっても、災害や感染症の関係部署ではなくても、このふたつへの認識を疎かにしてはいけません。職場から避難所等への派遣要請があれば係長として率先して参画する、あるいは職員を積極的に参加させるなど、自治体の一員としての責務を果たす必要があります。

係長スイッチ　OFF ON

◎感染症対策は自治体にとって総力戦
◎平成の三十年間で感染症の恐ろしさを忘れてしまった自治体
◎担当の係長でなくとも、自治体の一員として大規模災害と感染症への対応を考えよう

3　SDGsを理解しよう

大規模災害の頻発や未知の感染症の拡大などの現象は、気候変動や人間と自然の関係性のアンバランスに原因があると考えられます。これからの時代、地域に根ざした自治体にとっても、地球規模でのこうした動きと無関係ではいられません。その意味からも、SDGsを理解することは自治体職員にとって必要不可欠な要素なのです。

二〇一五年九月、ニューヨークの国連本部で「国連持続可能な開発サミット」が開催されました。その時、採択されたのが「我々の世界を変革する　持続可能な開発のための二〇三〇アジェンダ」、すなわちSDGs（Sustainable Development Goals：持続可能な開発目標）です。二〇三〇年までに世界各国が達成すべきゴール（目標）を表したものです。

十七色に色分けされたロゴやバッジを目にし、言葉自体は耳にしたことがあっても、正直、今ひとつピンと来ないのではないでしょうか。

一七の目標のはじめのほうには、「目標2　飢餓をゼロに」、「目標6　安全な水とトイレを世界中に」など、日本との関係が薄い、開発途上国が直面しているような課題が並んでいます。しかし、日本にも貧困家庭の問題は厳然として存在しており、実際に餓死も発生しています。

この問題を担当する職員もいます。自分には関係ないとスルーすることはできません。

他にも、「目標7　エネルギーをみんなにそしてクリーンに」、「目標13　気候変動に具体的な対策を」といった地球温暖化対策に関連した目標があったり、さらには、「目標5　ジェンダー平等を実現しよう」や「目標10　人や国の不平等をなくそう」などの公平・平等・多様性に直結する事項も掲げられています。

ＳＤＧｓの目標は相互の関係性がひと目では分かりにくいという難点はありますが、個々の目標の中身をよく理解すると同時に、大きく総体として把握する必要があります。つまり、人も社会も国も自然もすべてが持続していくために、世界共通の理解として何が必要なのかを示しているのです。

こう理解すれば、自治体職員として何が重要なのかも自ずと見えてくるのではないでしょうか。例えば、「目標3　すべての人に健康と福祉を」や「目標11　住み続けられるまちづくりを」がより身近な目標として認識できます。自治体の仕事をＳＤＧｓの目標に当てはめていく作業をしてみてもいいかもしれません。

ＳＤＧｓは決して高尚な理念ではありません。将来にわたって自治体や人々の暮らしを続けていくためには何が必要か、今、何をすべきかを考えることです。例えば、地域コミュニティを持続させるには、一過性のイベントだけでは難しく、地味であっても継続的な取組みが必要

SUSTAINABLE DEVELOPMENT GOALS
1 貧困をなくそう
2 飢餓をゼロに
3 すべての人に健康と福祉を
4 質の高い教育をみんなに
5 ジェンダー平等を実現しよう
6 安全な水とトイレを世界中に
7 エネルギーをみんなにそしてクリーンに
8 働きがいも経済成長も
9 産業と技術革新の基盤をつくろう
10 人や国の不平等をなくそう
11 住み続けられるまちづくりを
12 つくる責任つかう責任
13 気候変動に具体的な対策を
14 海の豊かさを守ろう
15 陸の豊かさも守ろう
16 平和と公正をすべての人に
17 パートナーシップで目標を達成しよう

です。

このように、係のマネジメントや職場でのコミュニケーション、住民対応など、日々の業務の場面で行動指針として活用することができます。そうすれば、国連の掲げる目標と自分の仕事を関連づけて把握することができるのではないでしょうか。

自治体の仕事や自分の仕事をＳＤＧｓに関連づけてとらえ直し、世界的な潮流の中で、自分自身の存在や仕事を位置づけましょう。

◎ＳＤＧｓの基本を理解しよう
◎世界規模での動きと自治体は無関係ではない
◎ＳＤＧｓの一七の目標が自治体の仕事とつながっていることを理解しよう

【巻末付録】まったく参考にならない私の履歴書

新米係長のみなさんにはあまり興味はないかもしれませんが、事のついでですので、私の役人人生を簡単に振り返り、おまけとしたいと思います。

大学を二回留年した後、某自動車メーカーに新規採用されたのもつかの間、九か月で退職、なけなしの失業保険もすぐに使い果たして小さな本屋でのバイト生活を二年ほど経験しました。悶々とした二十代の寄り道を経て、当時の年齢制限ギリギリの年、新卒より五年遅れで入都しました。都庁では入庁のことを入都と言います。最初の配属先である都立武蔵野保健所(当時)に二年、次いで衛生局(当時)の保健所を所管する課に異動し有楽町都庁舎最後の三年間を過ごしました。「こんなところ出てやるっ。」と心の中で毎日吠えたのはこのころです。主任試験合格後に異動した先は、今はなき多摩都市整備本部という多摩ニュータウン事業を展開する局でした。希望もしなかったこの部署では主に組織再編の業務を担当しました。多摩ニュータウン事業の終息に伴い、存続を主張する整備本部と縮小廃止を目指す総務局の間でバトルが繰り広げられていて、下っ端の私は右往左往するばかりでした。

入都同期の仲間の何人かが管理職試験に合格したとき思ったのは、「あんなヤツらの下で働きたくはない。」という不謹慎なことでした。一年遅れで管理職試験をパスしてローテーション期間に入ります。一年目に某都市銀行の大手町本店勤務、二、三年目は都心の区役所で区の基本構想改定に従事したのち都庁に戻りました。このとき、都庁サイドの上司に当たる課長に異動希望を伝えたところ、「君、変わったところに行きたいんだね。」と言われた異動先が政策報道室計画部でした。人事上のささやかな願いが叶えられたのは、後にも先にもこの時だけです。

計画部の係長級として青島都政最後の一年と石原都政最初の二年間の長期計画づくりを担当。課長昇任後の最初の二年間は、出先の課長ポストとして老人医療センター（当時）医事課長と多摩老人医療センター（当時）の管理課長を一年ずつ務め、初めての本庁課長ポストは環境局の地球温暖化対策の課長でした。けれども、そこには十か月も在籍せず、あっという間に異動した先は、知事本部（政策報道室を改変）の課長ポスト……。

都庁には通称「のりと担当」と呼ばれる若手課長のポストがあります。かっこよく言えば知事のスピーチライター、具体的には都議会の所信表明など知事の政治的なメッセージの原稿書きです。これを石原都政二期目の四年間やらされました。知事執務室に単独で入室することも許される特殊な役回りで、石原知事からは「石原慎太郎より慎太郎らしい」と誉め言葉をいただきましたが、後で聞けば、歴代の「のりと担当」課長は全員同じことを言われてうまくおだてられていたそうです。スピーチライターをようやくお役御免になり、総務局人事部人事課長に異動したものの、人事の仕事そのものがまったくのド素人という状況の中で、三年間、人事異動のドロドロを身をもって経験しました。

異動話はまだまだ続きます。人事課長卒業後、またしても未経験の部署、産業労働局企画担当部長に就任。右も左も分からないまま一年後には、古巣ともいえる計画調整部（計画部を改変）に出戻り、二年間、計画策定に従事したかと思えば、再び産業労働局に逆戻りして総務部長を一年間務めることとなり、さらに、局長級として㈱東京国際フォーラム（昔の都庁があったところ）の常務取締役を仰せつかりました。二年間の外郭団体暮らしを終え、戻ってきたのは環境局次長、さあここで都庁人生を勤めあげようと思っていた矢先、中央卸売市場次長に命ずるとの内示を副知事からいただき、築地市場の豊洲市場への移転問題の渦中に飛び込むこと一年半、市場移転を見届けることなく都庁人生最後の一年間を選挙管理委員会事務局長として過ごし、平成三十一年三月、定年退職。おしまい。

書いている本人が一番疲れますね。

改めて気がついたことがいくつかあります。まず、所属していた部署の多くが消滅するかガラッと変わっていることです。武蔵野保健所も多摩都市整備本部も今や跡形もありません。老人医療センターは独法化され健康長寿医療センターに改称、政策報道室や知事本部は改変を重ねて現在は政策企画局と呼ばれています。組織改編のスピードに改めて驚かされます。

二つ目は、異動スパンが極端に短いということ。最長で四年（のりと担当課長）、最短は二か月と三週間（環境局次長）、一般職員・係長時代の担当替えもカウントすると、三十三年間で二十一ポストを経験しましたので、一ポスト当たり一年七か月弱、私のケースが例外的なのかもしれませんが、いやはやなんとも目まぐるしいというか、落ち着かないというか……。

最後は異動希望に関して。いうまでもなく、希望は一回を除き、まったく叶えられませんでした。というよりも、課長以上になると常に「まな板の上の鯉」状態で、誤解を恐れず言えば、異動希望はあってなきがごとしでした。しかし、これをもって、人事制度はおかしいとはまったく思いません。むしろ、管理職でしか見られない景色をいくつも見させてもらったとさえ感じています。

自治体によって異動のスパンも異動先の多様性も異なるでしょうから、参考になる部分は少ないと思います。でも、自治体職員の最大関心事のひとつである人事異動に関して申し上げれば、係長として、あるいはこれからの異動について、不平不満を抱えて後ろ向きに日々を過ごすよりも、大きな流れに乗り、「さあ、次はどこだ？」と冒険心を抱いて異動の先々で待ち受ける未知の世界を楽しむほうが、よほど充実した公務員人生を送ることができると思います。いかがでしょうか。

おわりにかえて
～係長はつらいよ、でも……～

係長はしんどい存在です。

管理職でもないのに職員を監督するという微妙な立場にあり、上司からは事あるごとにプレッシャーを受け、職員からは「係長、何とかしてくださいよ。」と頼りにされる（というより、何かと仕事や判断を押しつけられる）。やっていることは係員だったころとあまり変わらないのに、給料が少し上がっただけで責任は倍増している……。

しかも、二十一世紀に入って以降、行革や自治体の合併などが全国の自治体で進められ、自治体職員一人ひとりの負担感はますます増加しています。中でも係長は実務の中心的職員として、その業務量も責任の重さも半端ありません。こんな割の合わない商売はないと思っている係長も案外、多いのではないでしょうか。

しかし、実務をばりばりこなせる時は、長い自治体職員の人生の中でも係長時代をおいてほかにありません。そして、様々な経験から多くのことを吸収し、成長できるポストでもあります。係長時代は、実務経験を積むまたとない機会であると同時に、自分が所属する自治体のプロと呼ばれるための修行期間なのです。係長時代の経験がその後の人生を決すると言っても過言ではありません。

係長あっての自治体です。係長が意欲的に仕事をしている自治体は自ずと活性化され、地域も元気になります。そう覚悟を決めて日々の業務と職員とのコミュニケーションに取り組めば、必ず明るい未来が拓けてくるでしょう。

そんな貴重な係長時代を送る自治体職員の皆さんに、この本が少しでも役に立っていただけたら、筆者としてこれ以上の喜びはありません。あまり深刻がらず、やけにならず、一度大きく深呼吸をして、係長であることを日々楽しんでください。

拙著の執筆に当たっては、明治大学公共政策大学院小林清教授にたいへんお世話になったことをこの場を借りて深謝申し上げます。加えて、公職研の大田代表、友岡編集長からの励ましと助言がなければ完成しなかったと痛感しています。改めて厚く御礼申し上げます。

令和三年五月

澤　章

著者紹介

澤　章（さわ・あきら）

1958年生まれ、一橋大学経済学部卒、1986年東京都庁入都。総務局人事部人事課長、知事本局計画調整部長、中央卸売市場次長、選挙管理委員会事務局長などを歴任。（公）東京都環境公社前理事長。都政ウォッチャー。YouTubeチャンネル“都庁 watch TV”を開設。
著書に『築地と豊洲～「市場移転問題」という名のブラックボックスを開封する』（都政新報社）、『軍艦防波堤へ～駆逐艦涼月と僕の昭和20年４月』（栄光出版社）など。

自治体係長のきほん　係長スイッチ
押せば仕事がうまくいく！　一歩先行く係長の仕事の秘けつ

2021年（令和３年）６月22日　初版第１刷発行
2022年（令和４年）４月27日　初版第２刷発行

定価はカバーに表示してあります。

著　者　澤　章
発行者　大田昭一
発行所　**公職研**
〒101-0051
東京都千代田区神田神保町２丁目20番地
TEL　03-3230-3701（代表）
03-3230-3703（編集）
FAX　03-3230-1170
振替東京　6-154568

ISBN978-4-87526-413-2 C3031　https://www.koshokuken.co.jp

落丁・乱丁は取り替え致します。PRINTED IN JAPAN
カバーデザイン：デザインオフィスあるる館
印刷：日本ハイコム㈱
ISO14001 取得工場で印刷しました。